Julius Evola

EL FASCISMO VISTO DESDE LA DERECHA
Y
NOTAS SOBRE EL TERCER REICH

OmniaVeritas.

Julius Evola
(1898-1974)

EL FASCISMO VISTO DESDE LA DERECHA
Y
NOTAS SOBRE EL TERCER REICH

Il Fascismo. Saggio di una analisi critica dal punto di vista della destra, Roma, Volpe, 1963

Fascismo e Terzo Reich, Roma, Mediterranee

© Omnia Veritas Ltd - 2019

Publicado por
Omnia Veritas Ltd

OMNIA VERITAS.

www.omnia-veritas.com

CAPITULO I **11**

FASCISMO Y DERECHA AUTENTICA 11

CAPITULO II **17**

NEOFASCISMO, ANTIFASCISMO: MITOLOGIA Y DENIGRAMIENTO 17

CAPITULO III **23**

EL ESTADO Y LA NACION 23

CAPITULO IV **27**

ESTADO FASCISTA Y ESTADO TRADICIONAL 27

CAPITULO V **42**

FASCISMO Y MONARQUIA 42

CAPITULO VI **48**

PARTIDO Y "ORDEN" 48

CAPITULO VII **52**

CESARISMO Y CULTO A LA PERSONALIDAD 52

CAPITULO VIII **60**

SOBRE LAS INSTITUCIONES FASCISTAS 60

CAPITULO IX **69**

EL CORPORATIVISMO FASCISTA 69

CAPITULO X **79**

LA AUTARQUIA ECONOMICA 79

CAPITULO XI **85**

EL RACISMO FASCISTA Y EL "ORDEN NUEVO" 85

CAPITULO XII **98**

POLITICO EXTERIOR DEL FASCISMO 98

CAPITULO XIII **105**

LO QUE ES PRECISO RETENER DEL FASCISMO 105

NOTAS SOBRE EL TERCER REICH **115**

INTRODUCCIÓN.. 117

CAPÍTULO I.. **119**

EL CONCEPTO DEL "VOLK" Y COMUNIDAD POPULAR 119

CAPÍTULO II.. **126**

NACIONAL SOCIALISMO Y LA REVOLUCIÓN CONSERVADORA 126

CAPÍTULO III **137**

CARÁCTER POPULISTA DEL TERCER REICH 137

CAPÍTULO IV **145**

ASPECTO RACIAL Y CUESTIÓN JUDÍA.. 145

CAPÍTULO V **158**

REVOLUCIÓN CULTURAL Y PROBLEMA RELIGIOSO 158

CAPÍTULO VI **165**

EL "ESTADO DE LA ORDEN" Y LAS SS 165

OTROS LIBROS.. **177**

.

CAPITULO I

FASCISMO Y DERECHA AUTENTICA

En las páginas que siguen nos proponemos realizar un estudio del fascismo desde el punto de vista de la Derecha, estudio que se limitará, sin embargo, a los aspectos generales del fascismo y, esencialmente, al plano de los principios. En función de este objetivo, es primeramente necesario precisar lo que entendemos por Derecha, aunque no sea una tarea fácil, ya que sin esto es imposible facilitar al lector medio, puntos de referencia que tengan una relación directa con la realidad actual, y aun menos con la historia italiana más reciente, es decir, con la historia de Italia tras su unificación como nación.

Respecto al primer punto, sería preciso decir que hoy no existe en Italia una Derecha digna de este nombre, una Derecha como fuerza política unitaria organizada y poseedora de una doctrina precisa. Lo que se llama corrientemente Derecha en las luchas políticas actuales se define menos por un contenido positivo que por una oposición general a las formas más avanzadas de la subversión y de la revolución social, formas que gravitan en torno al marxismo y al comunismo. Esta Derecha comprende además tendencias muy diversas e incluso contradictorias. Un índice significativo de la confusión de las ideas y de la pequeñez de los horizontes actuales, lo constituye el hecho de que hoy en Italia los liberales y numerosos representantes de la democracia puedan ser considerados como hombres de derecha: esto habría horrorizado a los representantes de una Derecha auténtica y tradicional, por que en la época de esta Derecha, liberalismo y democracia fueron particular y precisamente considerados como corrientes de la subversión revolucionaria, más o menos como hoy el radicalismo, el marxismo y el comunismo, tal como se presentan a los ojos de lo que se dado en llamar "partidos del orden".

Lo que se llama la derecha en la Italia actual comprende diversas corrientes monárquicas y, sobre todo, tendencias de orientación "nacional" que intentan mantener lazos ideales con el régimen precedente, es decir, con el fascismo. Pero la diferenciación necesaria a fin de que estas tendencias puedan aparecer como representantes de una Derecha auténtica ha faltado hasta ahora. esto además se desprenderá de las consideraciones que desarrollaremos, consideraciones destinadas a establecer una discriminación en los contenidos ideológicos del fascismo; discriminación que, para el movimiento en cuestión habrían debido representar un deber teórico y práctico indispensable, pero que, por el contrario, ha sido olvidado.

¿Es preciso además revelar el absurdo consistente en identificar por todos los medios Derecha política y Derecha económica? La polémica de los marxistas apuesta notoria y fraudulentamente por esta identificación. Para estos últimos, la derecha, la burguesía capitalista, conservadora, "reaccionaria", tiende a defender sus intereses y privilegios, haciendo de todo uno. En nuestros escritos de carácter político, jamás hemos dejado de denunciar esta confusión insidiosa y la irresponsabilidad de los que, favoreciendo de cualquier forma esta forma de ver las cosas, ofrecen armas al adversario. *ENTRE LA VERDADERA DERECHA Y LA DERECHA ECONOMICA, NO SOLO NO EXISTE IDENTIDAD ALGUNA, SINO QUE HAY INCLUSO UNA OPOSICION PRECISA.* Este es uno de los puntos que serán puestos de relieve en las presentes páginas cuando hagamos alusión a las relaciones entre política y economía, tal como el fascismo intentó definirlas y tal como derivan, además, de toda verdadera doctrina tradicional del Estado.

En cuanto al pasado italiano mismo, hemos dicho que desgraciadamente no hay gran cosa que extraer para la definición del punto de vista de la verdadera Derecha. En efecto, como cada uno sabe, Italia se unificó en tanto que nación principalmente bajo la influencia de las ideologías procedentes de la Revolución del Tercer Estado y de los "inmortales principios" de 1789, ideologías que no han jugado un papel puramente instrumental y provisional en los movimientos del Risorgimento, sino que se han implantado y proseguido en la Italia unificada del siglo XIX y principios del XX. Así, esta Italia ha estado siempre alejada de la estructura política de un nuevo Estado fuerte y bien articulado que habría formado parte, como un recién llegado, del número de grandes monarquías europeas.

En esta pequeña Italia de la democracia parlamentaria y de una monarquía doméstica donde los movimientos subversivos explotadores de los conflictos sociales y las consecuencias de una administración implacable, no dejaron de provocar agitaciones frecuentemente violentas y sangrientas, existen, ciertamente, lo que se llama la "Derecha histórica", que se mantenía difícilmente en pie y adolecía de la falta de valor necesario para remontarse hasta las raíces de los males que habría debido combatir, aun cuando en la época de Di Rudini y Crispi, supiera, en ocasiones, dar muestra de cierta resolución. Por otra parte, esta derecha era, en el fondo, una expresión de la burguesía; a diferencia de la Derecha de otras naciones, no representaba a una aristocracia en tanto que clase política portadora de una vieja tradición: la pequeña vena piamontesa, con lo que podía ofrecer en este sentido, se disolvió casi enteramente cuando se pasó del reino del Piamonte a la nación italiana. Aunque no en el terreno interior nacional y en la elaboración de una doctrina general del Estado, la derecha histórica tuvo una acción digna de este nombre en el dominio de la política extranjera, cuya coronación fue el acuerdo de la Triple Alianza. Si hubiera sido desarrollado en todos sus postulados lógicos, esta combinación habría podido sustraer a Italia de la órbita de las ideologías de origen francés y revolucionario para orientarla en el sentido de las ideologías que se habían conservado, por el contrario, en amplia medida, en los Estados Tradicionales de la Europa Central. Pero un desarrollo así, al que habría debido seguir una revisión de las ideas políticas fundamentales no estuvo en modo alguno presente; así, la derecha histórica, que se endeudó con el liberalismo moderado, no ha dejado ninguna herencia ideológica precisa. Con el final de la Triple Alianza y la intervención de Italia junto a la Entente, la cual defendía, fuera de sus intereses materiales, la causa de la democracia (a pesar de la presencia de una Rusia autocrática, que debería luego pagar trágicamente su política culpable), Italia vuelve idealmente a la dirección que había elegido durante el período del Risorgimento, en relación estrecha con las ideologías y los movimientos revolucionarios internacionales de 1848-1849. Además, la coartada nacionalista del intervencionismo debía revelarse ilusoria si se considera solo el clima político-social presentado por la Italia "victoriana", donde las fuerzas antinacionales, en su variedad, pudieron actuar libremente y donde ninguna revolución o renacimiento de lo alto, ninguna constitución de una verdadera Derecha sobre el plano legal tuvo lugar, antes del advenimiento del fascismo. Frente a este clima, ¿qué sentido tenía pues la satisfacción territorial parcial de las reivindicaciones irredentistas?

El hecho de haber mencionado a la Derecha histórica italiana, la cual se ha definido bajo un régimen parlamentario, nos lleva a realizar una precisión. En rigor, en relación a lo que tenemos ante la vista y que constituirá nuestro punto de referencia, el término "derecha" es impropio. Este término, en efecto, supone una dualidad; la Derecha, prácticamente, se define en el marco del régimen demoparlamentario de los partidos, en oposición a una "izquierda", es decir, en un marco diferente del tradicional, de los regímenes precedentes. En tales regímenes pudo existir, como máximo, un sistema sobre el modelo inglés en sus formas originales pre-victorianas, es decir, con un partido que representaba al gobierno (y este era de cierta forma, la Derecha) y una oposición no comprendida como una oposición ideológica o de principio, ni tampoco como una oposición al sistema, sino como una oposición EN el sistema (o la estructura) con funciones de crítica rectificadora, sin que fuera cuestionada, de ninguna manera, la idea, trascendente e intangible, del Estado. Tal oposición "funcional", aunque delimitada en un contexto orgánico y siempre lealista, no tiene nada que ver con la oposición que puede ejercer tal o cual de los múltiples partidos, cada uno por su propia cuenta, volcados a la conquista del poder y del Estado, si no es la institución del anti-Estado como pueda ser el caso, ayer del Partido Republicano y como es hoy el caso del Partido Comunista.

Es preciso, pues, concebir a la Derecha, tomada en su mejor sentido, político y no económico, como algo ligado a una fase ya involutiva, a la fase marcada por el advenimiento del parlamentarismo democrático y con el régimen de numerosos partidos. En esta fase, la derecha se presenta fatalmente como la antítesis de las diferentes izquierdas, prácticamente en competición con ellas sobre el mismo plano. Pero en principio representa, o debería representar, una exigencia más elevada, debería ser depositaria y afirmadora de valores directamente ligados a la idea del Estado verdadero: valores en cierta forma CENTRALES, es decir, superiores a toda oposición de partidos, según la superioridad comprendida en el concepto mismo de autoridad o soberanía tomado en su sentido más completo.

Estas aproximaciones llevan a la definición de nuestro punto de referencia, por lo cual será lícito hablar, como regla general, de la gran tradición política europea, no pensando en un régimen particular como modelo, sino más bien, en ciertas formas o ideas fundamentales que, de manera variada pero constante, han estado presentes en la base de diferentes Estados y que, en profundidad, no fueron jamás cuestionadas. A causa de una singular amnesia parece natural, y por tanto no hay necesidad de explicarlo sino (en el mejor de los casos, es decir, abstracción hecha de las falsificaciones y las sugestiones de cierta historiografía) como un efecto patológico de traumatismos profundos, el que nuestros contemporáneos no tengan ninguna idea viviente y adecuada del mundo al cual se aplica habitualmente la etiqueta de "antiguo régimen". A este respecto, es evidente que se tienen a la vista, no principios directores, sino ciertas encarnaciones de estos principios siempre sujetos a usura, desnaturalización o agotamiento, y que admiten en todos los casos condiciones determinadas, más o menos únicas. Pero la contingencia, la longevidad más o menos prolongada de estas formas, que se sitúan naturalmente en un momento dado en el pasado, no tiene y no debe tener incidencia sobre la validez de los principios, tal es la piedra angular de toda ojeada que quiera recoger lo esencial y no sucumbir al embrutecimiento HISTORICISTA.

No debemos pues concluir estas consideraciones preliminares sino diciendo que idealmente el concepto de la verdadera Derecha, de la derecha tal como la entendemos, debe ser definida en función de las fuerzas y de las tradiciones que actuaron de una manera formadora en un grupo nacional y también en ocasiones en las unidades supranacionales, antes de la Revolución Francesa, antes del advenimiento del Tercer Estado y del mundo de las masas, antes de la civilización burguesa e industrial, con todas sus consecuencias y los juegos de acciones y reacciones concordantes que han conducido al marasmo actual y a lo que amenaza con la destrucción definitiva de lo poco que queda aún de la civilización y del prestigio europeo.

Que no se nos pida ser más precisos, puesto que esto volvería a exigir la exposición sistemática de una teoría general del Estado. A este respecto, el lector podrá referirse en parte a nuestro libro LOS HOMBRES Y LAS RUINAS. Pero precisamente, una explicación suplementaria saldrá, de forma suficiente de nuestro estudio en relación con las diferentes cuestiones que trataremos.

CAPITULO II

NEOFASCISMO, ANTIFASCISMO: MITOLOGIA Y DENIGRAMIENTO

Hoy tanto la democracia como el comunismo designan por "neofascismo" a las fuerzas "nacionales" que en Italia se les oponen más firmemente. En la medida en que esta designación fue aceptada sin reservas por las fuerzas en cuestión, se creó una situación compleja llena de equívocos y que se presta peligrosamente al juego de los adversarios. Entre otros, es también la causa de esto que puede definirse en un sentido evidentemente peyorativo como "nostálgicos". El fascismo ha sufrido un proceso que puede calificarse de MITOLOGIZACION y la actitud adoptada respecto a él por la mayor parte de las gentes reviste un carácter pasional e irracional, antes que crítico e intelectual. Esto vale en primer lugar para los que, precisamente, conservan una fidelidad a la Italia de ayer. En amplia medida estos últimos han hecho de Mussolini precisamente y del fascismo un "mito", y su mirada se ha vuelto hacia una realidad históricamente condicionada y hacia el hombre que ha sido el centro, antes que hacia las ideas políticas consideradas en sí mismas y por sí mismas, independientemente de estas condiciones, a fin de que puedan siempre guardar, eventualmente, su valor normativo en relación a un sistema político bien definido.

En el caso contemplado en el presente, la mitologización ha tenido naturalmente como contrapartida la IDEALIZACION, es decir, la valoración solo de aspectos positivos del régimen fascista, mientras que se relegaba en la sombra deliberadamente o inconscientemente a los aspectos negativos. El mismo procedimiento se ha practicado en sentido opuesto por las fuerzas antinacionales en vistas a una mitologización teniendo como contrapartida, esta vez, la denigración sistemática, la construcción de un mito del fascismo en el cual se evidencia, de manera tendenciosa, solo los aspectos más problemáticos del fascismo, a fin de desacreditarlo y hacerlo odioso en su conjunto.

Se sabe que en este segundo caso la mala fe y la pasión partisana están manifestándose en el origen de un procedimiento suplementario y de una argumentación privada de toda legitimidad: se pretende establecer un lazo causal entre lo que concierne exclusivamente a los acontecimientos y las consecuencias de una guerra perdida y el valor intrínseco de la doctrina fascista. Para todo pensamiento riguroso, un lazo de este tipo no puede ser sino arbitrario. Debe afirmarse que el valor eventual del fascismo como doctrina (abstracción hecha de una política internacional dada) está tan poco comprometido con las consecuencias de una guerra perdida como tampoco hubiera podido ser confirmado por una guerra victoriosa. Los dos planos son totalmente distintos aunque disguste a los partidarios del dogma historicista AL CUAL SE REFIEREN GUSTOSOS HOMBRES sin carácter.

Más allá de todo unilateralismo partidista, quienes a diferencia de los "nostálgicos" de la joven generación, han vivido el fascismo y han tenido en consecuencia una experiencia directa del sistema y de los hombres, saben que muchas cosas no funcionaban en el fascismo. Tanto como el fascismo existió y pudo ser considerado como un movimiento de reconstrucción en marcha, cuyas posibilidades no estaban todavía agotadas y cristalizadas, era incluso permisible no criticarlo en otros aspectos. Los que, como nosotros, aunque defendiendo ideas que no coincidían más que parcialmente con el fascismo (o con el nacional-socialismo) no condenaron estos movimientos aun teniendo claramente conciencia de sus aspectos problemáticos o desviados, actuaron así porque esperaban precisamente otros eventuales desarrollos -que era preciso favorecer por todos los medios comprometiéndose- desarrollos que habrían rectificado o eliminado los aspectos en cuestión.

Pero siendo ahora el fascismo una realidad histórica pasada, ya no es posible mantener la misma actitud. Antes que la idealización propia del mito, lo que se impone es la separación entre lo positivo y lo negativo, no con una finalidad teórica, sino también con una función práctica en vistas a una posible lucha política. No debería pues aceptarse la etiqueta de "fascista" o "neo-fascista" sin discusión: debería decirse fascista (si hay lugar) en relación con lo que hubo de positivo en el fascismo y no con lo que hubo de negativo.

Superados positivo y negativo, es preciso también recordar que el fascismo por su carácter, ya señalado, de movimiento susceptible de conocer desarrollos comprendía diversas tendencias, cuyo único porvenir -si el desastre militar y el hundimiento interno de la nación no lo hubieran paralizado todo- habría podido decir cuales debían prevalecer. En Italia - pero también en Alemania- la unidad no excluía las tensiones importantes en el interior del sistema. No haremos alusión aquí a simples tendencias ideólogicas representadas por tal o cual individuo, por tal o cual grupo; en amplia medida estas tendencias fueron inoperantes y no pueden ser tenidas en consideración en nuestro estudio. Se trata más bien de elementos concernientes a la estructura del sistema y del régimen fascista, tomados en su realidad concreta en su organización estética y, en general, institucional. Esta es la segunda razón y la más importante, de la necesidad de superar la mitologización y de no recuperar el fascismo de forma ciega. Si se piensa además en los dos fascismos, en el fascismo clásico del Ventennio y en el de la República Social Italiana, ciertamente unidos por una continuidad de fidelidad y de combate, pero fuertemente diferentes sobre el plano de la doctrina política -en parte bajo el efecto de la influencia fatal de las circunstancias- el problema de la discriminación parecerá aun más evidente; y se verá como el mito lleva a peligrosas confusiones que perjudican la formación de un frente duro y compacto.

En relación con esto es preciso poner de relieve la necesidad de agrandar los horizontes y de mantener el sentido de las distancias. Hoy, en realidad, mientras que unos consideran al fascismo como un simple paréntesis y una aberración de nuestra historia más reciente, los otros dan la impresión de quien, apenas nacido, cree que nada ha existido fuera de su pasado inmediato. Estas dos actitudes son inadecuadas y sería necesario oponerse con la mayor energía a los que desearían imponer la alternativa fascismo-antifascismo, para agotar toda posibilidad política y cualquier discusión. Una consecuencia de esta alternativa, es, por ejemplo, que puede uno no ser antidemócrata sin ser automáticamente "fascista" o "comunista". Este círculo vicioso es absurdo y para denunciar la perspectiva miope que implica es preciso hacer referencia a nuestras consideraciones preliminares.

Siempre en la investigación de lo positivo, hay efectivamente una diferencia esencial entre aquello cuyo único punto de referencia es el fascismo (y eventualmente los movimientos análogos de otras naciones: el nacional-socialismo alemán, el rexismo belga, la primera Falange Española, el régimen de Salazar, la Guardia de Hierro rumana, se pudo hablar ayer de una "revolución mundial" como movimiento global opuesto a la revolución proletaria) en que hace comenzar y terminar el propio horizonte político, histórico y doctrinal; y aquel que, por el contrario, considera en estos movimientos lo que se presenta como formas particulares más o menos imperfectas, adaptadas a las circunstancias, formas en las cuales se habían manifestado y habían actuado (ideas y principios a los cuales es preciso reconocer un carácter de "normalidad" y constancia), haciendo así entrar los aspectos originarios "revolucionarios" en sentido estricto, de estos movimientos en el dominio de lo que es secundario y contingente. En pocas palabras, se trata de ligar por todas partes en donde sea posible, el fascismo a la gran tradición política europea y de poner de lado lo que, en él existe a título de compromiso, de posibilidades divergentes o de planteamientos desviados, de fenómenos que se resentían en parte de los males contra los cuales, por reacción se quería luchar.

Ya que hoy no tenemos ante nosotros la realidad concreta del fascismo, su situación histórica específica, todo esto es ciertamente posible y muestra la única vía que se ofrece prácticamente a las "fuerzas nacionales" dado que la nostalgia y la mitologización no sirven para gran cosa y no puede hacerse resucitar a Mussolini o fabricar otro a medida, por no hablar de la situación actual, diferente de la coyuntura que hizo posible el fascismo bajo este aspecto histórico determinado.

En estas condiciones, no es difícil descubrir que significado superior eventual puede adquirir el análisis del fascismo, análisis que, evidentemente, es también una integración. Más allá de toda confusión y de toda debilidad, ofrece en efecto a las vocaciones una piedra angular. Un gran espíritu del siglo pasado, Donoso Cortés, habló de los tiempos que preparaban Europa para las convulsiones revolucionarias y socialistas, como los de las "negaciones absolutas y las afirmaciones soberanas". A pesar del nivel bien bajo de la época actual, algunos pueden hoy aun tener este sentimiento.

En cuanto a la materia del breve estudio que vamos a emprender se limitará a lo que fue la realidad estructural e institucional, régimen y práctica concreta nacidas de las diferentes fuerzas que alimentaron el movimiento fascista con una atención particular por los principios que se pudo recoger en todo esto, directa o indirectamente. Habiendo sido Mussolini el centro de coagulación de estas fuerzas, es a la doctrina y a las posiciones de éste a quien nos referimos, tal como se definieron a través de la lógica interna del movimiento del cual fue jefe: pues, como se sabe, a diferencia del comunismo y, en parte, igualmente al nacional- socialismo, el fascismo antes de la acción y la "revolución" no tuvo doctrina exactamente formulada y unívoca (el mismo Mussolini lo afirma: "La acción es en el fascismo lo que ha precedido a la doctrina"). Tal como hemos señalado ignoraremos por el contrario las tendencias ideológicas a menudo discordantes que permanecieron simplemente así y que, tras la conquista del poder, formaron parte de grupos minoritarios particulares, grupos a los que, en su conjunto, se les dió una libertad de expresión bastante amplia, debida probablemente al hecho de que su influencia era prácticamente nula.

CAPITULO III

EL ESTADO Y LA NACION

El significado fundamental que el fascismo revistió, definiéndolo y asumiéndolo fue, desde nuestro punto de vista, el de una reacción que partiendo de las fuerzas de ex-combatientes y de nacionalistas, afrontó una crisis que era, esencialmente, la de la concepción misma del Estado, de la autoridad y del poder central en Italia.

La Italia de la inmediata pos-guerra se presentaba como un Estado laico en el que la influencia masónica era considerable, con un débil y mediocre gobierno demo-liberal y una monarquía privada de su poder, es decir, de tipo constitucional parlamentario, un Estado privado en su conjunto de un "mito" en sentido positivo, a saber, de una idea superior, animadora y formadora, que fuera algo más que una simple estructura de la administración pública. Que en tales condiciones la nación no estuvo a la altura de hacer frente a los graves problemas que las fuerzas puestas en movimiento por la guerra y tras la guerra, imponían y de combatir las sugestiones sociales revolucionarias difundidas en las masas y el proletariado por los activistas de izquierda, fue siempre demasiado evidente.

El mérito del fascismo, es pues, ante todo, haber alzado la idea de Estado en Italia, de haber creado las bases de un gobierno enérgico afirmando el principio puro de la autoridad y de la soberanía políticas. Este fue, por así decir, el aspecto positivo del movimiento, a medida que se definió y logró liberarse de sus principales componentes originales: la del espíritu combatiente revolucionario, la tendencia genéricamente nacionalista y también la de un sindicalista inspirado en Sorel.

En esta perspectiva, puede hablarse de una especie de inversión o desplazamiento "vectorial" del movimiento intervencionista italiano. En efecto, ideológicamente el intervencionismo, como ya hemos subrayado comportó la adhesión de Italia al frente de la democracia mundial coaligada contra los Imperios Centrales y refiriéndose, bajo distintos aspectos, al espíritu del *Risorgimento*, es decir a las ideas de 1848; pero, esencialmente, el intervencionismo tuvo un sentido revolucionario autónomo y la guerra fue una ocasión para el despertar de las fuerzas que no soportaban más el clima de la Italia burguesa, fuerzas que, como el espíritu combatiente, alimentaron al fascismo; no aceptando "normalizarse" de nuevo en este clima, cambiaron de polaridad sobre el plano ideológico y se orientaron hacia la Derecha, hacía el ideal de Estado jerárquico y de su "nación militar", las tendencias socialistas y puramente insurreccionales (así como republicanas) antes de la marcha sobre Roma fueron rápidamente eliminadas. Este aspecto "existencial" del fascismo debe ser colocado y apreciado en su justa medida. En cuanto al otro aspecto, fue tal que Mussolini una vez en el poder, pudo preconizar la aparición de nuevas jerarquías y hablar de un nuevo "siglo de autoridad, un siglo de la derecha, un siglo del fascismo". Cuando afirma (1926): "Representamos un principio nuevo en el mundo (actual). Representamos la oposición neta, categórica, definitiva, a todo el mundo... a los Inmortales Principios de 1789", pone de manifiesto el "momento contra-revolucionario" como uno de los aspectos más importantes del movimiento.

Estructuralmente, en cierta medida, podría aplicarse pues la designación de "revolución conservadora" potencial, designación que fue utilizada tras la primera guerra mundial y con el hitlerismo, igualmente con una fuerte componente de antiguos combatientes: pero esto a condición de referir el conservadurismo a algunos principios políticos (a los cuales la ideología de la Revolución francesa representaba la negación), no a una realidad de hecho preexistente, pues hemos visto que la Italia pre-fascista no tiene nada que hubiera podido dar al conservadurismo un contenido superior y positivo. No había gran cosa digna de ser "conservada". A diferencia del movimiento alemán paralelo que acabamos de mencionar, bajo varios aspectos el fascismo debió prácticamente partir de cero en Italia. Este hecho explica también, incluso aunque no los justifique, algunos de sus rasgos más problemáticos.

Por regla general, toda forma de ideología societaria y democrática fue suprimida en la doctrina política fascista. Se reconoció la preeminencia del Estado sobre el pueblo y la nación, es decir, la dignidad de un poder supraordenado, en función del cual la nación adquiere una conciencia verdadera, una forma y una voluntad, participando en un orden superador del plano naturalista. Mussolini tuvo ocasión de afirmar en 1924: "sin Estado no hay Nación. Hay solamente un conglomerado humano susceptible de recibir todas las desintegraciones que la historia pueda infligirle" (1927). Añade y precisa: "No es la nación quien engendra el Estado. Por el contrario, la nación es creada por el Estado que da al pueblo (...) una voluntad y, en consecuencia, una existencia afectiva". La fórmula "el pueblo es el cuerpo del Estado y el Estado el espíritu de este cuerpo" (1934) remite, si se interpreta de manera justa, a la idea clásica de una relación dinámica y creadora entre la "forma" y la "materia". El pueblo, la "nación" en el sentido corriente, naturalista y romántico, no son más que la "materia" (el cuerpo), el Estado es la "forma" concebida como fuerza organizada y animadora, según la interpretación de la "materia" y de la "forma" dada por la filosofía tradicional iniciada en Aristóteles.

La concepción falsa de un Estado que debería contentarse con proteger las "libertades negativas" de los ciudadanos como simples individuos empíricos, "garantizar un cierto bienestar y una vida comunitaria pacífica" reflejan o siguen pasivamente, en el fondo, a las fuerzas de la realidad económica y social concebidas como fuerzas primarias, tal concepción es pues rechazada. Se permanece también en oposición a la idea de una simple burocracia de la "administración pública", según la imagen agrandada de lo que pueden ser la forma y el espíritu de cualquier sociedad privada con fines puramente utilitarios.

Cuando junto a esta concepción de base el fascismo afirma el trinomio "autoridad, orden, justicia", es innegable que recupera la tradición que formó a los grandes Estados europeos. Se sabe además que el fascismo evoca y procura evocar, la idea romana como integración suprema y específica del "mito" del nuevo organismo político, "fuerte y orgánico". La tradición romana, para Mussolini, no debía ser retórica sino una "idea-fuerza" y un ideal para la formación de un nuevo tipo humano que habría debido tener el poder entre las manos. "Roma es nuestro punto de partida y referencia. Es nuestro símbolo y nuestro mito" (1922). Esto testimonia una vocación precisa, pero también una gran audacia: era querer tender un puente sobre un abismo de siglos, para recuperar el contacto con la única herencia verdaderamente válida de toda la historia desarrollada sobre el suelo italiano. Pero una cierta continuidad positiva no se establecía más que a nivel del sentido del Estado y de la autoridad (del IMPERIUM en el sentido clásico) así como en relación con la ética viril y un estilo hecho de dureza y disciplina que el fascismo propuso al italiano. Una profundización de las demás dimensiones del símbolo romano -dimensiones espirituales en el sentido propio, de la visión del mundo- y de las precisiones sobre la romanidad a las cuales debía precisamente referirse, no tuvieron lugar, por el contrario, bajo el fascismo oficial; los elementos que podían emprender esta profundización no existían o no fueron utilizados.

CAPITULO IV

ESTADO FASCISTA Y ESTADO TRADICIONAL

En las líneas esenciales de su doctrina del Estado, el mensaje del fascismo debe ser considerado desde el punto de vista de la Derecha, a buen seguro, como positivo. Se encuentra precisamente en la órbita de un sano pensamiento político tradicional, y es partiendo de este pensamiento como es preciso rechazar netamente la polémica sectaria de denigramiento unilateral impuesta por el antifascismo. Pero una clarificación se impone. De un lado, es bueno precisar lo que había debido acentuarse para asegurarle un carácter inequívoco; del otro, es preciso indicar los puntos en donde se manifestaron, en el sistema y en la práctica fascista, las principales desviaciones.

En lo que respecta al primer punto, nos contentaremos con señalar que el principio de preeminencia del Estado sobre todo lo que es simplemente pueblo y nación debería articularse además a través de la oposición ideal entre Estado y "sociedad", debiendo estar reunidos bajo el término de "sociedad" todos los valores, todos los intereses y todas las disposiciones que entran en el dominio físico y vegetativo de una comunidad y de los individuos que la componen. En realidad, la antítesis entre los sistemas políticos que gravitan en torno a la idea del Estado y los que, por el contrario, lo hacen en torno a la idea de "sociedad" (tipo "social" del Estado) es fundamental sobre el plano de la doctrina. Entre los segundos, se encuentran las variantes del derecho natural, doctrinas del contrato con base utilitaria y de la democracia, con los desarrollos en cadena que llevan de la democracia liberal a las "democracias populares", es decir, marxistas y comunistas.

A este dualismo está ligada la definición del plano político en tanto que tal en términos, en cierto sentido, de una "trascendencia". Así, el contenido "heroico" o militar, por el servicio como honor y el lealismo en el sentido superior, que la existencia o al menos ciertos aspectos de la existencia, pueden adquirir en referencia al Estado, entra en juego. Se trata de una cierta tensión ideal elevada que lleva más allá de los valores no solo hedonistas (de simple bienestar material) sino también eudemonistas (incluso de bienestar espiritual). Es innegable que el fascismo se esfuerza en valorizar esta dimensión de la realidad política (que es preciso juzgar como opuesta a la realidad social), por su aspiración a una existencia antiburguesa, hecha de lucha y peligro (el famoso "vivir peligrosamente", prestado por Nietzsche a Mussolini, todo esto se resiente, además de la componente existencial, la de los antiguos combatientes, del movimiento fascista), y por la exigencia de una integración del hombre en medio de una "relación inmanente con una ley superior, una voluntad objetiva que transciende al individuo particular". La formulación de esta exigencia es significativa, incluso si no se llega a precisar el contenido de manera adecuada.

Juzgar las formas concretas por las cuales el fascismo busca adaptarse a esta exigencia, contrapartida irreprochable de la doctrina del Estado de la que hemos hablado antes, no es cosa fácil. Si puede reconocer el carácter exterior y forzado de diferentes usos e iniciativas de la Italia de ayer, esto no debe servir como pretexto para olvidar un problema de importancia capital. Se trata en el fondo, de la siguiente cuestión: de qué forma canalizar el impulso a la "autotrascendencia", impulso que puede ser reprimido y no expresado en el hombre, pero que no puede jamás ser completamente extirpado, salvo en el caso límite de una sistemática bastardización de tipo bovino. Las "revoluciones nacionales" de ayer intentaron facilitar un centro político de cristalización a este impulso (es, de nuevo, la acción ya mencionada de una "forma" sobre una "materia"), para impedir su bastardización y su manifestación o irrupción bajo formas destructoras. En efecto, nadie puede ignorar la crisis profunda de la "racionalización de la existencia operada por la civilización burguesa, la múltiple emergencia de lo irracional y de lo "elemental" (en el sentido mismo donde se habla del carácter elemental de las fuerzas naturales) a través de las fisuras de esta civilización sobre todos los planos.

Hoy con la recuperación de quimera de la "racionalización" se tiende, por el contrario, a rechazar y desacreditar todo lo que es tensión existencial, heroísmo y fuerza galvanizadora de un mito, precisamente bajo el signo de un ideal ya no político, sino "social" y de bienestar físico. Pero se ha precisado justamente que una crisis profunda es inevitable pues, al fin, PROSPERITY y bienestar ABURRIRAN. Los signos anticipadoras de esta crisis no faltan: están representados por todas las formas de revuelta ciegas, anárquicas y destructoras de una juventud que precisamente en las naciones más prósperas, perciben el absurdo y el sin sentido completo de la existencia socializada, racionalizada, materializada, encuadrada en la "sociedad de consumo". En estas naciones, el impulso elemental no encuentra más objeto y, abandono a sí misma, vuelve a la barbarie.

En las sociedades tradicionales, una cierta liturgia o una cierta mística de la potencia y de la soberanía han existido siempre; era parte integrante del sistema y facilitaban una solución al problema del cual acabamos de hablar. No hay pues lugar para rechazar algunas iniciativas tomadas por el fascismo ni su voluntad de mantener un clima general de tensión elevada; se trata más bien de reconocer el límite más allá del cual esto solo tuvo algo de teatral e inauténtico, en un marco, a menudo determinado por la inadecuación entre principios e intenciones de un lado, y por un cierto material humano de otro.

A decir verdad, un problema grande se plantea sin embargo en este contexto, que no puede ser estudiado a fondo en el presente análisis. Se refiere a la acusación según la cual un sistema político como el que estudiamos, usurpa un significado religioso, desvía la capacidad humana de creer y sacrificarse y, en general el poder de autotrascendencia del hombre en relación a su objeto legítimo, que sería precisamente la religión, para orientarlo hacia sucedáneos profundos. Se ve claramente que esta objeción es válida en la medida que se parte de un dualismo esencial e insuperable entre, mundo del Estado y mundo espiritual o de lo sagrado. Es preciso entonces aceptar netamente lo que comporta tal dualismo: implica, de un lado, la desacralización y la materialización de todo lo que es político, poder, autoridad; de otra la "des-realización" de todo lo que es espiritual y sagrado. es preciso entonces aceptar netamente también, como consecuencia natural el "Dar al César", y todas las tentativas de la teología política para resolver la fractura así operada no pasando del simple compromiso. De otra parte, es preciso recordar que esta escisión fue ignorada por toda una serie de organismos políticos tradicionales europeos, en los cuales tal o cual forma de sacralización del poder y de la autoridad representó incluso el pivote de la legitimidad de todo el sistema. En principio, si la autoridad y la soberanía no poseen un cierto carisma espiritual, no pueden ni siquiera merecer ese nombre, y todo el sistema del estado auténtico queda falto de un sólido centro de gravedad para todo lo que no se reduzca a lo simplemente administrativo y "social".

Pero la situación general de la época y el significado que el catolicismo en tanto que fuerza social ha tenido en Italia debían impedir al fascismo afrontar directamente la grave cuestión de la justificación suprema del Estado, aunque fue debido y se intentó mediante la recuperación verdadera y valiente de la idea romana. Y, de hecho, todo no cesa de vascular. De un lado, Mussolini reivindicó en varias ocasiones un valor "religioso" para el fascismo, pero de otro no llegó a precisar cual debía ser en concreto esta religiosidad, en la medida en que debería estas asociada a la idea política y, en consecuencia, diferente de una evolución común e informe orientada hacia el supra-mundo. Mussolini declara que "el Estado no tiene teología, sino una moral". Pero con esto continúa el equívoco, pues toda moral, para tener una justificación profunda y un carácter intrínsecamente normativo, no debe ser una simple convención de la vida en sociedad; es preciso que tenga un fundamento "trascendente", a fin de remitir a un plano no diferente del plano religioso donde nace la "teología". Era pues natural que se llegara a menudo al enfrentamiento, especialmente cuando se entraba en el terreno de la educación y de la formación espiritual de las jóvenes generaciones, entre el fascismo y los representantes de la religión dominante, deseosos de monopolizar todo lo que tuviera un carácter propiamente espiritual, apoyándose sobre las cláusulas del Concordato.

De otra parte, es bastante evidente que si no se afronta el problema es imposible separar completamente ciertas interpretaciones de los movimientos de tipo "fascista" que hacen de ellos sucedáneos en un mundo desacralizado, incluyéndolos en el marco de las modernas místicas secularizadas y "paganas": incluso elementos como la lucha y el heroísmo, la fidelidad y el sacrificio, el desprecio por la muerte y así sucesivamente, pueden tomar un carácter irracional, naturalista, trágico y oscuro (Keiselring había hablado concretamente de una coloración TELURICA de la "revolución mundial"), cuando falta este punto de referencia superior y, en cierta forma, transfigurante del que hemos hablado y que pertenece necesariamente a un plano trascendente diferente del dominio de la simple ética.

Para pasar a otro tema, en materia de compromisos, se debe recordar que si una oposición fundamental entre lo que es político y lo que es "social" fue suficientemente puesta de relieve en la doctrina fascista, por el contrario, una oposición análoga no fue formulada respecto al nacionalismo apelando simplemente a los sentimientos de patria y de pueblo, y asociados a un "tradicionalismo" que, en Italia, por el carácter mismo de la historia precedente de la nación, no tenía nada en común con la tradición entendida en el sentido superior, sino que se reducía a un mediocre conservadurismo de tipo burgués "bienpensante", más o menos católico y conformista. La unión de la corriente nacionalista, en la medida en que también, partiendo de estas posiciones de referencia, había buscado organizarse sobre el plano activista (los "camisas azul celeste") contra los movimientos subversivos italianos, y del movimiento fascista, contribuyó a una cierta desnaturalización de la idea política fascista. Ciertamente, no pueden olvidarse las condiciones en las cuales sucumbe la política cuando es el "arte de lo posible". En los últimos tiempos el PATHOS de la "patria" y la llamada a los sentimientos nacionales en la lucha contra las corrientes de izquierda han sido uno de los raros medios aún a disposición. Por ello en la Italia actual "ser nacional" sirve a menudo como sinónimo de "ser Derecha". Pero desde el punto de vista de los principios se tiene aquí una desnaturalización análoga a la ya observada que hace que el liberalismo, antigua bestia negra de los hombres de derecha, haya podido ser considerada hoy como orientado a derecha.

Históricamente, la relación entre movimientos "nacionales" y movimientos revolucionarios referidos a los principios de 1789, en innegable, incluso aunque no queramos remontarnos hasta el lejano período de la aparición y emanación de las "naciones" bajo la forma de "estados nacionales" monárquicos que provocaron la desintegración de la civilización imperial y feudal de la Edad Media europea. Desde el punto de vista de la doctrina es muy importante comprender el carácter naturalista y, en cierta forma, prepolítico que presentan los sentimientos de patria y de nación (carácter prepolítico y naturalista no diferente del sentimiento de la familia) en relación a lo que une, por el contrario, a los hombres sobre el plano específicamente político, en torno a una idea y un símbolo de soberanía. Además, todo PATHOS patriótico tendrá siempre algo de colectivista: se resiente de lo que se ha llamado el "Estado de las masas". Volveremos sobre este punto. Por un instante, creemos legítimo hablar de la desnaturalización habida en el fascismo (a parte de lo que puede referirse a la componente señalada antes del precedente partido nacionalista) por el mito de la nación en general, con consignas, referencias y prolongaciones que llevaban al populismo. Si la mezcla de todo esto con la doctrina, formulada además claramente, cuyo valor tradicional hemos puesto en evidencia, de la preeminencia del estado sobre la nación, puede ser considerado como una característica del fascismo en tanto que realidad de hecho, esto no impide que en esta mezcla se practique, según un puro pensamiento de Derecha, un compromiso, y que las diversas componentes deban ser separadas y referidas a dos mundos ideales bien distintos.

Con la mentalidad hoy dominante, esta precisión sobre el valor del concepto de patria y de nación en vistas a una purificación del ideal de estado auténtico, podrá no parecer del todo evidente. Sin embargo, bastará quizás hacer observar cuan fácil es abusar de los llamamientos a la patria y a la nación mediante una retórica verbalista e imprudente, con fines inconfesables. Es fácil advertirlo hoy en el patriotismo anclado en Italia, con fines inconfesables, igualmente, pero de carácter táctico y electoral, incluso en partidos que, realmente, no tienden solo al anti-estado, sino también a la negación del contenido superior eventual que podría recogerse en un nacionalismo purificado y mejorado. Por lo demás, se ha podido hablar en Rusia de una "patria soviética" y ayer, durante la guerra de los soviéticos contra Alemania, ha sido posible apelar al patriotismo de los "camaradas": puro absurdo, desde el punto de vista de la verdadera ideología comunista. Es preciso recordar, en fin, que a pesar de los compromisos indicados, la idea de la realidad trascendente del estado no deja de ser una característica del fascismo, que le diferenciaría de movimientos similares: esta idea fue a menudo percibida como un elemento distintivo, "romano", en relación a la ideología nacional-socialista en la cual el énfasis se colocaba más bien (al menos en la doctrina) en el pueblo-raza y sobre la *VOLKSGEMEINSCHAFT*.

De entre los peligros presentados por el sistema fascista desde el punto de vista, no de una informe democracia liberal, sino de la verdadera Derecha, el más grave puede ser quizás el totalitarismo.

El principio de una autoridad central inatacable se "esclerotiza" y degenera cuando se afirma a través de un sistema que lo controla todo, que militariza todo y que interviene por todas partes según la famosa fórmula "Todo dentro del estado, nada fuera del estado, nada contra el Estado" Si no se precisa en ALGUNOS TERMINOS como se debe concebir tal inclusión, una fórmula de este tipo no puede valer más que en el marco de un estatismo de tipo soviético, estando presentes las premisas colectivistas, materialistas de este: no por un sistema de tipo tradicional reposando sobre valores espirituales, sobre el reconocimiento del sentido de la personalidad y sobre el principio jerárquico. Por ello, en la polémica política, se ha podido concebir un común denominador hablando de un totalitarismo de derecha y de un totalitarismo de izquierda: lo que no es sino un verdadero absurdo.

El Estado tradicional es orgánico y no totalitario. Es diferenciado y articulado, admite zonas de autonomía parcial. Coordina y hace participar en una unidad superior a fuerzas cuya libertad sin embargo reconoce. Precisamente por que es fuerte, no tiene necesidad de recurrir a una centralización mecánica: esta no es reclamada más que cuando es necesario controlar una masa informe y atómica de individuos y voluntades, lo que hace, además, que el desorden no pueda jamás ser verdaderamente eliminado, sino solo provisionalmente contenido. O por emplear una afortunada expresión de Walter Heyndrich, el Estado auténtico es *OMNIA POTENS*, no *OMNIA FACENS*, es decir que detenta en el centro un poder absoluto que puede y debe hacer valer sin trabas en caso de necesidad o en las decisiones últimas, más allá del fetichismo del "estado de derecho"; pero no interviene en todas partes, no se superpone a todo, no tiende a imponer una vida cuartelera (en sentido negativo), ni un conformismo nivelador, en lugar del reconocimiento libre y del lealismo; no procede a intromisiones impertinentes e imbéciles de lo público y de lo "estatal" en lo privado. La imagen tradicional es la de una gravitación natural de sectores y unidades parciales en torno a un centro que dirige sin apremio, actúa por su prestigio, su autoridad, ciertamente puede recurrir a la fuerza, pero se abstiene lo más posible. La prueba de la vitalidad efectiva de un Estado la da la medida del margen que puede conceder a una descentralización parcial y racional. La ingerencia sistemática del Estado no puede ser un principio más que en el socialismo del Estado tecnocrático y materialista.

En oposición a esto, la tarea esencial del Estado auténtico es crear un cierto clima general, inmaterial en un sentido, según lo propio a los regímenes de la época precedente. Tal es la condición necesaria a fin de que un sistema en que la libertad es siempre el factor fundamental tome cuerpo de manera prácticamente espontánea y funcione de forma justa con un mínimo de intervenciones rectificaciones. A este respecto, la oposición es significativa, sobre el plano económico, entre el ejemplo norte-americano, donde el gobierno federal ha debido promulgar una severa ley anti-trust para combatir las formas de piratería y de cínico despotismo económico nacidos en el clima de la "libertad" y del libre-cambio, y el ejemplo de la actual Alemania Federal donde, bajo otro clima -que es preciso considerar en buena parte como una herencia residual ligada a ciertas predisposiciones raciales de los regímenes precedentes- la libertad económica se desarrolla en una dirección esencialmente positiva y constructora, sin intervenciones particulares, centralizadoras del Estado.

Cuando el fascismo presenta un carácter "totalitario" debe pensarse en una desviación en relación a su exigencia más profunda y válida. En efecto, Mussolini ha podido hablar del Estado como de un "sistema de jerarquías" jerarquías que "deben tener un alma" y culminar en una élite: el ideal diferente del ideal totalitario. Ya que hemos hablado de economía -aunque volveremos sobre esta cuestión- la tendencia "pancorporativa" que tenía efectivamente un carácter totalitario fue desaprobada por Mussolini, y en la Carta del Trabajo la importancia de la iniciativa privada fue ampliamente reconocida. Por lo demás, podría hacerse referencia al símbolo mismo del fascio litorio, del que el movimiento de revolución antidemocrática y antimarxista de los Camisas Negras extrajo su nombre y que, según una frase de Mussolini, debía significar "unidad, voluntad, disciplina". El fascio, en efecto, se compone de varas distintas unidas entorno a un hacha central, la cual, según un simbolismo arcaico común a numerosas tradiciones antiguas expresa la potencia de lo alto, el puro principio del Imperio. Se tiene pues a la vez unidad y multiplicidad, en sinergia y orgánicamente unidos, en correspondencia visible con las ideas mencionadas anteriormente.

De otra parte, es preciso observar que el Estado democrático italiano actual, ha mostrado que podría ser, bajo pretextos "sociales", mucho más invasor y estatizante que el régimen precedente, el fascismo y, es sobre todo en otro sector, en relación con lo que fue el "Estado ético", que el mundo del Estado automáticamente debe ser rectificado. Hemos reconocido un carácter positivo a la concepción del Estado en tanto que principio o poder supra-ordenado que da forma a la nación, y hace poco hemos hablado de la tarea consistente en crear un cierto clima general. Una de las principales aspiraciones del fascismo fue también marcar el comienzo de un nuevo estilo de vida: al Estado agnóstico demoliberal, "el colchón sobre el cual todo el mundo pasa", Mussolini opone un Estado "que transforme al pueblo continuamente", llegará incluso a decir: "hasta en su aspecto físico".

Pero para todo esto el peligro y la tentación de medidas directas y mecanicistas, de tipo "totalitario" en concreto, se presenta inevitablemente. En efecto lo que se trata esencialmente debería ser pensado en términos análogos a lo que se llama en química acción catalítica o a lo que fue designado en Extremo-Oriente, con una expresión que no es paradójica más que en apariencia, el "actuar sin actuar", es decir, la acción debida a una influencia espiritual, no por medidas exteriores y obligatorias. Cualquiera que tenga suficiente sensibilidad no puede dejar de presentir la oposición entre esta idea y la dirección propia al Estado ético tal como la concibió una cierta filosofía representada esencialmente por Giovanni Gentile. En esta interpretación el clima de un Estado desciende al nivel de un centro de reeducación o de reforma, y el carácter del jefe es el de un pedagogo invasor y presuntuoso. Y aunque se refieran a un dominio particular, las palabras siguientes son del mismo Mussolini: "Que no se piense que el Estado tal como lo concebimos y queremos, toma al ciudadano por la mano como el padre la de un hijo para guiarlo". Las relaciones existentes entre soberanos y sujetos, así como entre jefes y subordinados, sobre un plano viril y combatiente, reposan sobre la libre adhesión y el respeto recíproco, sin ingerencia en lo que es solamente personal y cae fuera de lo que es objetivamente requerido por los fines de toda acción común, ofrecen otro ejemplo claro de la dirección opuesta y positiva. Todo lo que ha revestido en el fascismo el carácter de una pedagogía del Estado y de una expresión ejercida no sobre el plano político y objetivo sino sobre el de la vía normal personal, como uno de los aspectos del "totalitarismo", debe ser pues incluido en la lista de las desviaciones del sistema. A este respecto, fue típico entre todos el ejemplo de la "campaña demográfica" fascista, odiosa independientemente del hecho de que reposaba sobre el absurdo principio de que el "número es potencia", principio desmentido por toda la historia, el "mando" ha estado siempre contenido en pequeños grupos de dominadores y no por la explosión democrática de masas de desheredados y de parias invasores de las tierras más ricas sin otros derechos que su miseria y su incontinencia procreadora. Que a una campaña demográfica en Italia, cuya población era ya excedentaria, fue además absurda como en no importa que otra nación, aparte del equívoco sobre la significación del "número", eran hechos evidentes. En general, prejuicios y una cierta irresponsabilidad impidieron reconocer un punto cuya importancia no será jamás subrayada suficientemente, a saber, que el crecimiento natural de la población global es uno de los primeros factores de la crisis y de la inestabilidad política y social de los tiempos modernos. En el caso donde medidas enérgicas aparecieran como verdaderamente necesarias al bien común, precisamente para limitar este mal pandémico, y no para agudizarlo más (como con la campaña demográfica fascista) deberían ser recuperadas sin ninguna duda.

Sobre la misma línea que el "Estado ético", es decir, de pretensión pedagógica, la preocupación por la "pequeña moral" antes que por la "gran moral" se evidencia a menudo en el fascismo: en lo que concierne a la vida sexual particularmente, con medidas públicas represivas e inhibitorias. Esto se debió en parte a la componente burguesa del fascismo, que no fue muy diferente por su moralismo -hay que reconocerlo- de un régimen más o menos puritano de tipo demócrata-cristiano, pero el *ETHOS*, en el sentido antiguo, es cosa diferente de la moral tal como la ha concebido la sociedad burguesa. Una civilización "guerrera" -y la ambición del fascismo era precisamente dar nacimiento a una civilización "moralista" o, mejor, para utilizar un término de Wilfredo Paretto, una civilización de "virtuosismo".

Aquí también la libertad de la persona debe ser respetada y se debe tender a una tensión ideal elevada y no a una "moralización".

Todo esto nos lleva sin embargo fuera del dominio particular de las presentes consideraciones. Lo que es preciso establecer aquí, en general, es la idea de la acción por el prestigio, por la llamada a formas especiales de sensibilidad, de vocación y de interés de los individuos, idea que debe ser propia del Estado auténtico y de sus jefes.

Si el llamamiento no encuentra eco, no se podrá siquiera alcanzar por otras vías lo que importa verdaderamente; un pueblo, y una nación irán a la deriva o se reducirán a una masa impotente entre las manos de los demagogos expertos en el arte de actuar sobre las capas sub-personales, pre-personales y las más primitivas del ser humano.

Habiendo entrado en consideración el concepto de libertad en estas últimas precisiones críticas, será bueno añadir algunas breves consideraciones sobre el sentido que la libertad puede tener en un Estado de tipo voluntarista, como quiso ser el Estado fascista, y no de tipo contractual.

Hay una palabra de Platón que hemos citado ya en otras ocasiones y que dice que es bueno que quien no tiene un soberano en sí mismo, tenga al menos un buen soberano fuera de sí mismo. Esto lleva también a distinguir una libertad positiva de la libertad puramente negativa, es decir, exterior, de la que puede igualmente gozar quien, libre en relación a los otros, no lo es del todo en relación a sí mismo, en relación a la parte naturalista de su ser; a lo que es preciso añadir la distinción bien conocida entre el hecho de ser libre DE alguna cosa y el de ser libre PARA alguna cosa (para una tarea, para una función dada). En una obra reciente, hemos indicado que la conquista de una libertad "negativa" con la que no se ha sabido que hacer, visto el no-sentido y el absoluto absurdo de la sociedad moderna, es la causa principal de la crisis existencial del hombre contemporáneo. En verdad, personalidad y libertad no pueden ser concebidas más que a medida en que el individuo se libera más o menos de los lazos naturalistas, biológicos, individualistas que caracterizan las formas pre-estatales y pre-políticas en un sentido puramente social, utilitario y contractual. Puede entonces concebirse que el Estado auténtico, el Estado caracterizado por la "trascendencia" del plano político, facilite un medio propicio para el desarrollo de la personalidad y de la verdadera libertad, en el sentido de una VIRTUS, según la acepción clásica; por su clima de tensión elevada, se dirige una llamada permanente al individuo para que este se recupere, vaya más allá de la simple vida vegetativa. Evidentemente, todo tiene justos puntos de referencia, especialmente el hecho de dar, debe ser realmente "anagógico", es decir, "tendiente hacia lo alto" (para esto, digámoslo de paso, poner como punto de referencia un "bien común" abstracto que refleja, en mayor medida, el "bien individual" concebido en términos materiales, es absolutamente inadecuado). Una vez eliminado el equívoco del totalitarismo, es preciso desterrar de la forma más neta la acusación según la cual un sistema político que repose sobre la autoridad es en principio incompatible con los valores de la persona y elimina la libertad. La libertad que puede sentirse negada por un sistema de este tipo, no es más que la libertad insípida, sin forma, la pequeña y, en el fondo, poco interesante libertad: y todas las argumentaciones de un "nuevo humanismo" de intelectuales descentrados no pueden nada contra esta verdad fundamental.

Para evitar todo equívoco, y recuperando lo que hemos dicho anteriormente sobre el arte de los demagogos, es preciso sin embargo reconocer fuera de toda duda que además de la posibilidad "anagógica", existe la posibilidad "catagógica" (tendiente hacia lo bajo). Es decir que el individuo puede "transcenderse", salir de sí subordinando incluso sus propios intereses inmediatos, en un sentido no ascendente sino descendente. Lo que sucede precisamente en los "Estados de masa", en los movimientos colectivistas y demagógicos con fondo pasional e infra-racional, los cuales pueden también dar al individuo la sensación ilusoria, momentánea de una vida exaltada e intensa; pero esta sensación es condicionada por una regresión, por una disminución de la personalidad y de la verdadera libertad. Los casos donde es difícil distinguir entre las dos posibilidades no faltan, los dos fenómenos pueden incluso presentarse simultáneamente. Pero lo que hemos dicho facilita puntos de referencia precisos y permite impedir que se haga valer de forma tendenciosa contra el sistema político que buscamos definir en función de elementos positivos y tradicionales (incluso cuando estos no superan el estado de exigencias y aspiraciones) argumentos que no pueden haber tomado cuerpo más que sobre un sistema de tipo completamente diferente. Ya hemos afirmado que era absurdo establecer paralelismo hablando de totalitarismo de derecha y de totalitarismo de izquierda. Si se quiere emplear el término "totalitarismo" de manera precisa, la diferencia esencial podría ser expresada de forma perentoria diciendo que el totalitarismo de Derecha es "anagógico", mientras que el de izquierda es "catagógico", y es solo porque ambos están igualmente opuestos al inmovilismo del individuo burgués, limitado y hueco, que un pensamiento miope cree que tienen algo en común.

CAPITULO V

FASCISMO Y MONARQUIA

P uede afirmarse con sólidas razones que una verdadera derecha sin monarquía está privada de su centro de gravedad y de fijación natural, pues en prácticamente todos los Estados tradicionales el punto de referencia principal para la encarnación del principio destacado y estable de pura autoridad política ha sido precisamente la Corona. Si podemos permitírnoslo aquí, nos sería fácil demostrarlo por una serie de consideraciones históricas. Esto vale particularmente para una época no muy alejada de la nuestra, pues los regímenes que, aunque representan en cierta medida un carácter tradicional regular, no tuvieron estructura monárquica o de tipo análogo, debieron este carácter a situaciones que pertenecen aún más al pasado. Por ejemplo, las repúblicas aristocráticas y oligárquicas que han existido en otros tiempos serían inconcebibles en el clima de la sociedad actual, donde serían inmediatamente desnaturalizadas.

Para volver a lo que hemos dicho inicialmente sobre la situación en la cual, en general, una Derecha cobra forma, podemos decir que la función principal de esta última debería corresponder, en un sentido, a la del cuerpo que, anteriormente, había estado caracterizado por un legalismo particular respecto a la Corona, aun siendo con ella el guardián de la idea del Estado y de la autoridad comprendida en el marco de una monarquía constituyente con un sistema representativo de tipo moderno ("constitucionalismo autoritario").

Es pues oportuno para nosotros emprender un breve

estudio sobre las relaciones que existieron entre el fascismo y la monarquía.

El fascismo del Ventennio ha sido monárquico y existen declaraciones explícitas de Mussolini sin equívoco sobre el significado y la dignidad de la monarquía, declaraciones que permiten incluso establecer una relación entre el principio monárquico y la dignidad del nuevo Estado reivindicada por el fascismo, entre el principio monárquico y el principio de estabilidad y continuidad referido por Mussolini tanto al estado mismo, como, de forma más vaga y mítica, a la "raza". Para definir la monarquía, Mussolini habla textualmente de "síntesis suprema de los valores nacionales" y de "elemento fundamental de unidad de la nación". Es decir, si eliminamos la tendencia republicana (solidaria en amplia medida de la tendencia más o menos socialista) presente en el fascismo anterior a la marcha sobre Roma, debe ser considerado como un aspecto esencial del proceso de purificación, de mejora y de "romanización" del fascismo mismo, mientras que es preciso concebir el giro republicano del segundo fascismo, el fascismo de Saló, que además se proclamó "social", como una de estas regresiones, debidas al traumatismo frecuentemente observadas en psicopatología: el resentimiento legítimo de Mussolini, los factores humanos, contingentes y dramáticos, que actuaron en esta coyuntura pueden incluso ser perfectamente reconocidos, pero no pueden hacer aparecer de otra forma la naturaleza del fenómeno, si nos mantenemos en el plano de los puros valores político-institucionales. Así, desde nuestro punto de vista, no hay gran cosa a extraer del fascismo de la República Social.

En el origen, Mussolini no "toma" el poder sino que lo recibe del rey, asistiéndose a una especie de investidura completamente legal; de acuerdo con las instituciones, Mussolini fue encargado de formar gobierno. Tras los desarrollos sucesivos, pudo hablarse de una "Diarquía", es decir, de una coexistencia de la monarquía con una especie de dictadura; es la importancia que toma el segundo término lo que ha permitido a los enemigos actuales del régimen pasado hablar simplemente de la "dictadura fascista" apartado el otro término, la presencia monárquica, como si esto estuviera privado de toda significación.

Se han dirigido al sistema de la "diarquía" críticas animadas de otro espíritu. De un lado, hay quienes han creído descubrir en el respeto por la monarquía un equívoco o falta de fuerza revolucionaria del movimiento mussoliniano (pero olvidan indicar con precisión lo que habría debido ser, entonces, la verdadera conclusión de este movimiento). La verdad es que si hubiera existido en Italia una verdadera monarquía, una monarquía con un poder capaz de intervenir enérgicamente en toda situación de crisis y desintegración del Estado y no una monarquía como simple símbolo de autoridad, el fascismo no habría nacido jamás, no habría habido "revolución", o por decirlo mejor, la superación de la situación crítica en la que se encontraba la nación antes de la marcha sobre Roma habría llegado exclusivamente y en tiempo útil gracias a esta "revolución de lo alto", (con suspensión eventual de las obligaciones constitucionales), que es la única revolución admisible en el Estado tradicional, y gracias a la revisión sucesiva de las estructuras que hubieran dado muestras de su ineficacia. Pero ya que no existía esto, se siguieron otras vías. Es posible que el soberano realizase la "revolución de lo alto", en el interior de ciertos límites, a través de Mussolini y del fascismo, pensando quizás salvaguardar una especie de principio de la "neutralidad", del "reinar sin gobernar", principio formulado por el monarca en los últimos años del constitucionalismo liberal.

En términos de pura doctrina, no se dice que la situación diárquica que resulta fuera necesariamente un compromiso híbrido. Pudo, por el contrario, encontrar una justificación tradicional, sobre la base de antecedentes precisos. A este respecto, se tiene un ejemplo típico en la dictadura tal como fue originariamente concebida en la Roma antigua: no como una institución "revolucionaria" sino como una institución prevista por el sistema del orden existente legítimo, esencialmente destinada a completarlo en caso de necesidad, tanto como durara la situación de urgencia o la oportunidad de una concentración y de una activación particulares de las fuerzas existentes. Además, diferentes constituciones tradicionales, y no solo en Europa, han conocido dualidades análogos a las del *REX* y del *DUX*, del *REX* y del *HERETIGO* o *IMPERATOR* (en el sentido, sobre todo militar, del término), el primero encarnando el principio puro, sagrado e intangible de la soberanía y de la autoridad, el segundo presentándose como el que, en un período tempestuoso asume tareas o misiones particulares, recibiendo poderes extraordinarios en una situación crítica, poderes que no podían ser atribuidos al REX por el carácter mismo de su fundación superior. Y se exigía una personalidad particularmente dotada, ya que no debía extraer su autoridad de una pura función simbólica no-actuante, de carácter "olimpico", por llamarla así.

Por lo demás, en tiempos menos lejanos, figuras particulares, como Richelieu, Metternich o Bismarck reprodujeron, en parte, junto a los soberanos, esta situación dual, y bajo esta relación MUTATIS MUTANDIS, no habría en principio gran cosa a reprochar a la "diarquía" del período fascista. La dignidad de Mussolini por lo demás, no se habría visto comprometida si su actividad se hubiera limitado a la de un gran Canciller lealista. En efecto, bajo ciertos aspectos fue también la función que asume hasta la creación del Imperio, no por él mismo, sino por el Rey de Italia. Incumbía a la monarquía ser más o menos celosa de sus prerrogativas específicas (o mejor, prerrogativas naturales que habrían debido ser las suyas en el nuevo Estado) en esta situación de hecho. En el sistema del "constitucionalismo autoritario" que existió bajo el Segundo Reich, Guillermo II no dudó en separar a Bismarck del poder, a aquel "Canciller de Hierro" creador de la unidad y de la nueva potencia alemana, cuando este tomó iniciativas con las cuales el soberano no estaba de acuerdo: pero sin impedir que Bismarck fuera siempre honrado como un héroe y considerado como el mayor hombre de Estado de la nación alemana.

Ya que debemos ocuparnos esencialmente de la doctrina, no tenemos que expresar un juicio de valor sobre la forma en que sobrevino la crisis de la "diarquía", cuando las cosas empeoraron en Italia, por razón de fuerza mayor, particularmente por el desarrollo desafortunado de la guerra. A decir verdad, desde el simple punto de vista jurídico, no habría gran cosa que criticar en el comportamiento de Victor Manuel III; puede incluso admitirse la existencia de una conspiración palaciega dirigida por Acquarone, Badoglio y algunos más. Formalmente Mussolini se presenta al rey como el jefe del fascismo, un jefe al cual la más alta asamblea de su movimiento, el gran Consejo, no habría renovado la confianza y que, designado por el mismo rey como jefe de gobierno, estaba ahora dispuesto a ofrecer su dimisión. Pero era muy cómodo, para el soberano, remitirse a las abstractas prerrogativas constitucionales, como si nada hubiera sucedido entre tanto, y emplear la caricatura liberal y constitucionalista de la no responsabilidad del REX. Las cosas hubieran debido suceder de otra manera: el lazo no escrito, pero por lo mismo más real, de una fidelidad de parte del soberano; un soberano que había permitido además que el blasón de la dinastía, en tanto que emblema oficial del reino italiano, hubiese sido modificado añadiéndosele el fascio litorio -expresión clara y adecuada de la convergencia unitiva, que había caracterizado al Ventennio- autorizó, durante este período, que el poder del Estado fuera restablecido, no por la Derecha -inexistente- sino por el fascismo.

No es aquí el lugar para pronunciarse sobre el tratamiento al cual fue sometido Mussolini, ni sobre la manera con la cual se prestó fe a la declaración "la guerra continúa", ni sobre los acontencimientos que siguieron. Pero no podemos dejar de reconocer que, ante todo esto, los que juzgaron roto su lazo de fidelidad con el soberano y pasaron al servicio del segundo fascismo pueden reivindicar, por su comportamiento, una incontestable legitimidad; igualmente, puede comprenderse que un resentimiento muy humano llevase a Mussolini hacia lo que la historia, desgraciadamente, nos ofrece tantos ejemplos, para mayor gloria de la subversión: la toma de posición legítima contra una persona, se extiende o desplaza arbitrariamente hacia el principio del cual esta no es más que el representante, en este caso la monarquía. De ahí la proclamación por Mussolini de una república e incluso de una república llamada "social": cosa que ya hemos comparado a las regresiones involutivas que se verificaron en su personalidad tras los traumatismos psíquicos ya referidos.

Así, a través del encadenamiento de los acontecimientos que siguieron y que tuvieron de alguna manera el carácter de una Némesis, la monarquía en Italia debía acabar incluso sin ni siquiera una aureola de grandeza y tragedia.

CAPITULO VI

PARTIDO Y "ORDEN"

Tras este paréntesis concerniente a las contingencias históricas, volvemos al examen estructural del régimen fascista. Si no pensamos pues, desde nuestro punto de vista, que la "Diarquía" representase en principio un absurdo, es preciso subrayar por el contrario una situación dual más general en el conjunto de las estructuras y a este respecto nuestro juicio debe ser diferente. En efecto, por su naturaleza misma, un movimiento revolucionario de Derecha tras una primera fase, debe tender al restablecimiento de la normalidad y de la unidad sobre un plano nuevo, por medio de procedimientos de integración adaptados.

Es preciso pues revelar en primer lugar el carácter híbrido de la idea del "partido único" en la medida en que toma en el nuevo Estado el carácter de una institución permanente. A este respecto, es preciso separar la exigencia positiva que se encontraba en el origen de esta idea e indicar en que marco más adecuado habría debido actuar, tras la conquista del poder.

El Estado auténtico -apenas es necesario decirlo- no admite el poder de los partidos propio de los regímenes democráticos y la reforma parlamentaria, de la que hablaremos más adelante, representa sin ninguna duda uno de los aspectos más positivos del fascismo. Pero la concepción de un "partido único" es absurda; perteneciendo exclusivamente al mundo de la democracia parlamentaria, la idea de "partido" no podía ser conservada más que de manera irracional en un régimen opuesto a todo lo que es democrático. Decir "partido" de otro lado, quería decir "parte" y el concepto de partido implica el de una multiplicidad, si bien el partido único sería la parte deseosa de convertirse en todo, en otros términos, la facción que elimina a las otras sin por tanto cambiar de naturaleza y elevarsea un plano superior, precisamente por que continúa considerándose como partido. En la Italia de ayer el partido fascista en la medida en que se da un carácter institucional y permanece, representa en consecuencia una especie de Estado dentro del Estado, o un doble del Estado, con su milicia, sus responsables federales, el gran Consejo y todo lo demás en detrimento de un sistema verdaderamente orgánico y monolítico.

En la fase de conquista del poder, un partido puede tener una importancia fundamental como centro cristalizador de un movimiento, como organizador y guía de este movimiento. Tras esta fase su mantenimiento como tal más allá de un cierto período es absurda. Esto no debe ser comprendido bajo la forma de una "normalización", en el sentido inferior del término, con una caida de la tensión política y espiritual. La exigencia "revolucionaria" y renovadora del fascismo poseía incluso como tarea una acción global permanente, adaptada y, en un sentido, capilar en la sustancia de la nación. Pero entonces es bajo otra forma que las fuerzas válidas de un partido deben mantenerse, no dispersarse, permanecer activas: insertándose en las jerarquías normales y decisorias del Estado, remodelándolas eventualmente, ocupando los puestos clave y constituyendo, además una especie de guardia armada del Estado, una élite portadora de la Idea en un grado eminente. En este caso, será necesario hablar, más que de un "partido", de una especie de "Orden". Tal es la función misma de la nobleza en tanto que clase política que ostentó el poder en otros tiempos, hasta un período relativamente reciente en los Estados de la Europa Central. El fascismo, por el contrario, quiso mantenerse en tanto que "partido" si bien lo que se tuvo, como hemos dicho, fue una especie de desdoblamiento de las articulaciones estáticas y políticas en superestructuras que sostuvieron y controlaron un edificio privado de estabilidad, en lugar de una síntesis orgánica y de una simbiosis: por que el foso no estaba funcionalmente superado por el simple hecho que se declaraba, por ejemplo, que el "partido" y la milicia fascista deberían estar "al servicio de la nación". Esto no puede ser considerado como elemento válido del sistema fascista, ni siquiera es permisible imaginar el porvenir en función de los desarrollos ulteriores que el régimen habría podido tener si fuerzas más importantes no hubieran provocado el hundimiento final, e incluso si se debe reconocer el valor de la objeción según la cual la existencia de fuerzas que no siguieron el nuevo curso, o bien que lo seguían pasivamente, volvió peligrosa toda evolución prematura en el sentido normalizados y anti-dual mencionado anteriormente. Y lo que sucedió tras una veintena de años de régimen es elocuente a este respecto.

Pero precisamente, en relación con este último punto es preciso recordar que la concepción fascista del "partido" se resiente desde los orígenes de este último fenómeno, es decir de la solidaridad intrínseca entre el concepto de partido y la idea democrática, a causa de la ausencia de un criterio rigurosamente cualitativo y selectivo. Incluso después de la conquista del poder, el partido fascista persistió en ser un partido de masas; se abrió en lugar de purificarse. En lugar de hacer aparecer la pertenencia al partido como un privilegio difícil de obtener, el régimen lo impuso prácticamente a cada uno. ¿Quién es el que ayer no tenía "carnet"? Aún más: ¿Quien podía permitirse el lujo de no tenerlo si quería dedicarse a ciertas actividades? De aquí la consecuencia fatal de innumerables adhesiones, conformistas u oportunistas, con efectos que, inmediatamente, se manifestaron en el momento de la crisis; crisis, sin mencionar la prueba suplementaria y retrospectiva representada por numerosos "fascistas" de ayer, no siempre simples ciudadanos, sino escritores e intelectuales, que han cambiado de bandera tras los acontecimientos, intentando hacer olvidar su pasado, renegado de él, o bien declarando cínicamente que habían actuado, en la época, de mala fe. En su origen, en el comunismo soviético y en el nacional-socialismo, la concepción del "partido" (mantenida también en estos movimientos) tuvo por el contrario rasgos mucho más exclusivistas y selectivos. Pero, en el fascismo prevaleció la idea de un "partido de masas", comprometiendo incluso la función positiva que el partido, eventualmente, podía continuar teniendo.

Desde nuestro punto de vista, la finalización positiva de coyunturas de este género, contrapartida positiva del concepto revolucionario de "partido único" en un marco institucional normalizado e integrado, debe ser pensada en términos de una especie de Orden, espina dorsal del Estado, que participa, en cierta medida, de la autoridad y de la dignidad concentradas en la cúspide indivisible del Estado.

A esto debía conducir la exigencia del paso de la fase de conquista del poder por un movimiento de renacimiento nacional y político a la fase en que la misma energía se manifestará como fuerza natural motriz formadora y diferenciadora del elemento humano. En general, los residuos "partidistas" fueron precisamente un obstáculo al desarrollo completo y feliz del régimen fascista en el sentido de una verdadera Derecha y sobre el plano práctico se le deben diversas interferencias endiabladas: como cuando, de una parte, los méritos de partido, en relación sobre todo con la fase activista e insurreccional (el haber sido *"squadristi"*, por ejemplo) fueron considerados como válidos para la atribución de cargos y funciones que reclamaban cualificaciones y competencias específicas, incluso aunque se tuviera una formación mental "fascista"; o igualmente, cuando, por el contrario, se acogieron en el partido a hombres de un cierto renombre, sin preocuparse de saber si esta adhesión era puramente formal, si no eran en el interior agnósticos o simplemente antifascistas (tal fue el caso de numerosos miembros de la Academia de Italia instituida por el fascismo).

CAPITULO VII

CESARISMO Y CULTO A LA PERSONALIDAD

O tro aspecto negativo del sistema, ligado a las dualidades no resueltas o insuficientemente integradas que acabamos de indicar, no puede ser silenciado, ya que ha tenido, desgraciadamente, una gran importancia en la mitologización del fascismo, hasta el punto de que si no se atiende a lo que puede ser separado en el sistema, de las contingencias históricas, este aspecto puede llegar a constituir una de las características esenciales. Se trata del fenómeno del "ducismo" presentado por Mussolini cuando se contempla en él la cualidad, conservada en el interior del sistema, de jefe de un movimiento y de un partido; su aspiración a un prestigio bonapartista de tribuno; la importancia que tuvo su personalidad en cuanto tal; la inclinación sino demagógica, si por lo menos algo democrática de "ir hacia el pueblo", de no desdeñar los aplausos de las masas, las cuales, tras tantas concentraciones "oceánicas" en la Piazza Venezia, debían definitivamente abandonarlo en 1945... Existe una evidente inconsecuencia entre este aspecto de Mussolini de una parte y de otra su doctrina del Estado y declaraciones bien conocidas como las hechas en un discurso en Udine en septiembre de 1922: "No adopto la nueva dignidad de las masas. Esto es una creación de la democracia y el socialismo".

Esta precisión no debe parece contradecir lo que hemos dicho antes respecto de las cualidades personales y de prestigio particulares que un DUX, en tanto que tal, debe poseer y de prestigio particulares que igualmente deben estar presentes en su formación típica. Pero aquí entra en juego lo que ha sido revelado a propósito del clima específico y "anagógico", clima que es preciso crear en todo Estado de tipo tradicional. Este clima no puede ser obtenido por una animación que, aunque pueda llegar en ciertos casos hasta el fanatismo y el entusiasmo colectivo, se apoya siempre en los aspectos infra-personales del hombre en tanto que hombre-masa y sobre el arte de hacer actuar estos aspectos contra cualquier otra forma de reacción individual posible. Se debe recordar que, por intensa que pueda ser la fuerza magnética así creada, no cesa por ello de tener un carácter efímero, diferenciándose profundamente de lo que puede, por el contrario, derivar de la fuerza formadora de lo alto de una verdadera tradición. El agregado que puede producirse de esta suerte es comparable a la adhesión de numerosas parcelas de metal atraídas por un imán, pero cuando la corriente que determina el campo magnético se interrumpe, todas ellas, instantáneamente, se separan y dispersan, demostrando de esta forma cuan contingente era el precedente estado de reagrupamiento informe. Igualmente es preciso explicarse en buena parte lo que ha sucedido en Italia y aún más en Alemania cuando los acontecimientos destruyeron -para continuar empleando la misma imagen- la corriente generadora del campo magnético.

Naturalmente, es preciso preguntarse en qué medida otras técnicas de coagulación pueden ser eficaces hoy, dado que el mundo actual es esencialmente un mundo de "hombres-masa". En efecto, no hay verdadera diferente cualitativamente entre el fenómeno en cuestión, que se desearía poner exclusivamente a cargo de ciertas formas dictatoriales y todo lo que presenta igualmente el mundo político de la democracia antifascista con sus métodos de propaganda demagógicos, de "aturdimiento de cerebros", de fabricación de la "opinión pública". Pero por válida que sea esta objeción y las consecuencias que puedan extraerse para una política como simple "arte de lo posible" de tipo más o menos maquiavélico, no pueden alcanzar el dominio de los principios y de las estructuras: el único dominio que nos interesa aquí. Un punto conserva su importancia capital en función de la discriminación que nos interesa aquí y de la que nos ocupamos. Hoy, no se da prácticamente cuenta nadie, pero existe una diferencia precisa entre la autoridad natural de un verdadero jefe y la autoridad que se apoya sobre un poder informe y sobre la capacidad y el arte de nivelar fuerzas emotivas e irracionales de las masas, autoridad realizada por una individualidad excepcional. Para ser más precisos diremos que en un sistema tradicional se obedece y se es servidor o sujeto en función de lo que Nietzsche llama el "PATHOS de la distancia", es decir, por que se tiene la impresión de estar ante alguien de otra naturaleza. En el mundo de hoy, con la transformación del pueblo en plebe y en masa, se obedece al máximo en función de un "PATHOS de proximidad", es decir, de la igualdad; no se tolera más que al jefe que en esencia es "uno de los nuestros"; que es "popular", que expresa algo inferior, tal como es afirmado sobre todo en el hitlerismo y el stalinismo (el "culto a la personalidad", que remite al concepto confuso de los "Héroes" de Carlyle), corresponde a esta segunda orientación que es antitradicional e incompatible con los ideales y el ETHOS de la verdadera DERECHA.

En cierta forma, se es llevado aquí a lo que hemos indicado antes hablando de los puntos de referencia que diferenciaban un sistema tradicional de los que pueden ser determinados en un sistema con un carácter globalmente "autoritario": lo esencial está representado por la naturaleza y los fundamentos de la autoridad, es decir, igualmente por la situación existencial general que corresponde.

Puede decirse pues que en el régimen fascista, lo que se presenta sobre el plano institucional como una diarquía o como las otras dualidades señaladas precedentemente, tuvo una contrapartida interna, expresándose en la coexistencia de dos centros distintos de animación del movimiento nacional. El uno presenta precisamente un carácter "ducista" y populista, a pesar de todo un transfondo democrático (por lo demás, se sabe que Mussolini tuvo frecuentemente afición a emplear el recurso de una especie de consenso, incluso cuando estaba claro que este era prefabricado u obligatorio) y este residuo actuó también a menudo en las estructuras del partido. Las proporciones que tomó se explican, sin embargo, por la debilidad del otro centro, el de la Monarquía y de todo lo que podía referirse a una orientación tradicional. Se está, pues, una vez más obligado a reconocer lo que iba en detrimento del sistema: la debilidad del Estado que precede al fascismo. Pero la fuerza animadora engendrada por la otra fuente que fue la única en revelar el Estado italiano, dió lugar, por otro lado, a algo ambiguo, a causa de la naturaleza en ocasiones problemática de esta misma fuente. Sin embargo, todo esto nos remite de nuevo al terreno de las contingencias históricas.

Es innegable que Mussolini fue influenciado, fuera de algunos puntos de vista nietzscheanos, por las teorías de Oswald Spengler; este anuncia una nueva época de "grandes individualidades" de tipo "cesarista" (esquematizando bastante abusivamente la compleja personalidad de Julio César), época que debía suceder a la de las democracias. Pero parece que Mussolini, que debía tomarse por una de esas individualidades, no concedió mucha atención al hecho de que, en el sistema de Spengler, el nuevo "cesarismo", próximo al "ducismo" en el sentido inferior, pertenecía, sobre el plano de la morfología y de la situación, a la conclusión oscura de un ciclo de civilización (una fase de *ZIVILISATION*, opuesta a la fase precedente de *KULTUR*, es decir de civilización cuantitativa, diferenciada y orgánica, según la terminología spengleriana) en su declive y, en este caso preciso, a la famosa "decadencia de occidente"; aunque él mismo, si se coloca a parte el carácter inevitable que Spengler creyó poderle dar, el cesarismo no debe del todo ser considerado como un fenómeno positivo. Para serlo, debería ser rectificado bajo el efecto de una tradición superior y de una justificación diferente. Sobre el plano práctico, la sucesión continua y en un mismo nivel de "grandes individualidades", una tras otra, es por otra parte, inconcebible. En Italia, las posibilidades existentes dieron nacimiento a un equilibrio o a una moderación provisional no privada de aspectos positivos, hasta que el fascismo monárquico del Ventennio se encontró sometido a una dura prueba de fuerza.

Habiendo hecho estas consideraciones necesarias, es preciso separar en el conjunto del fascismo otra componente que revelaba en principio un espíritu diferente, oponiéndose a todo lo que está bajo el signo de masas y de los jefes de masas vociferantes. Queremos referirnos, pues, a la componente militar del fascismo.

Las palabras siguientes son de Mussolini: "nos convertimos y nos convertiremos cada vez más, y es nuestra voluntad, en una nación militar. Ya que no tenemos miedo a las grandes palabras añadiremos: militarista. Para completar: guerrera, es decir, dotada en un grupo cada vez más elevado de las virtudes de la obediencia, el sacrificio y la entrega" (1934). Precedentemente ya habían dicho: "cada uno debe considerase como un soldado; como un soldado incluso cuando no lleve el hábito militar, un soldado incluso cuando trabaje, en la oficina, en las obras o en los campos: un soldado ligado a todo el resto del ejército" (1925). A este respecto, si hay una reserva a hacer, concierne al "militarismo"; además, es preciso distinguir entre "militar" y "soldadesca", el segundo término puede aplicarse a ciertas formaciones al margen del partido, datando del período precedente y no muy bien seleccionados. Pero cuando hace referencia a una cierta militarización de la existencia y al "soldado" como símbolo general, desde nuestro punto de vista, desde el punto de vista tradicional y de la Derecha, no hay gran cosa a reprochar, una vez que se ha puesto de relieve que aquí se trata esencialmente de un estilo de comportamiento, de una ética la cual puede tener también un valor autónomo, independientemente de objetos militares obligados. La formación "militar", bajo sus aspectos positivos, vivientes, no de simple "cuartel" no puede rectificar todo lo que puede proceder de estados de agregación irracional y emotiva de la "masa" y del "pueblo". El fascismo busca hacer entrar en el pueblo italiano una de las cualidades de las que en razón de su individualismo, estaba más desprovisto: la disciplina y el amor por la disciplina.

Ve además "los peligros del espíritu burgués", desprecia la "inmovilidad de una existencia insípida" y la "orientación militar" le parece estar en relación natural con el elemento político, según la oposición, que hemos subrayado precedentemente, entre este último y el elemento "social". El estilo militar, es también el de una despersonalización activa y antiretórica; realizado, es un factor esencial de estabilidad para un organismo político-social, de la misma forma que el ejército y la monarquía solidarios, han representando siempre los dos pilares fundamentales del estado auténtico antes de las revoluciones del Tercer Estado, de la democracia y del liberalismo. José Antonio Primo de Rivera habla de un sentimiento "ascético y militar de la vida".Es este un punto de referencia de valor incontestable, una piedra angular de las vocaciones. El clima de la "civilización del bienestar" o "civilización consumo", con su acción espiritualmente agobiante que hace nacer múltiples formas de contestación, es, en efecto la antítesis.

Un aspecto esencial de la ética militar es la concepción y el sentido del servicio como honor.Es superfluo hablar de su valor sobre el plano de la vida política y social. El fascismo introduce, como se sabe, el uso del uniforme igualmente para los funcionarios del Estado, recuperando así una tradición que había existido ya en otros países, en Prusia y Rusia por ejemplo. En realidad, esto debía servir de símbolo para la superación de la mentalidad burocrática y para una mejora de la administración. Al tipo grisáceo, huidizo de cualquier responsabilidad, de la burocracia para quien servir al Estado tiene más o menos el mismo sentido que estar empleado por una firma comercial o una sociedad privada en vistas exclusivamente del salario y, naturalmente, del retiro (que antes de la extensión de la Seguridad Social era privativo de los funcionarios), se oponía el tipo de funcionario para quien servir al Estado es, ante todo, otra cosa, un honor, hasta el punto de que esto supone, en el fondo, una vocación particular: como contrapartida del honor de servir a una bandera. A la dirección involutiva de la burocratización de la vida militar, se debía, en consecuencia, oponer la de la "militarización" como medio de "desburocratizar" la burocracia, verdadero cáncer de los Estados modernos. El uniforme del funcionario podía aparecer, como hemos dicho, como símbolo, como un ritual. Hemos querido indicar, en fin, mediante un ejemplo y una imagen, lo opuesto de todo lo que es propio de un sistema totalitario mecánico, sino también del pedagogismo impertinente o del moralismo del "Estado ético".

Las camisas negras, los *ORBACCI* y todo lo demás no entran precisamente en este marco. Forman parte más bien de todo lo que el fascismo tuvo frecuentemente de forzado y paródico y que se desarrolló en el seno de las oposiciones no resueltas de las que vemos con un escaso sentido del límite y de la medida. De ahí la imposibilidad evidente de una mezcla positiva y negativa en el caso que no puedan hacerse objeto de estudio aquí al pertenecer al dominio de las contingencias.

Por la misma razón, no es este el lugar de considerar el "militarismo" fascista, del que Mussolini, como hemos leído, había hablado, no teniendo "miedo a las palabras" (pero dejándose llevar quizás por ellas). En efecto, en muchas otras ocasiones Mussolini habló de una "nación fuerte", cosa que no equivale necesariamente a una "nación militarista". Naturalmente, una nación fuerte debe disponer de un potencial militar, guerrero, para utilizarlo si esto se ve necesario y para imponer respecto a otras naciones su poder. Puede contemplar la posibilidad del ataque, y no solo de la defensa, según las circunstancias: pero todo esto no debe ser pensado de forma "militarista". La verdad es que resulta ventajoso para la polémica democrática y "social" confundir "militar" y "militarista" y el ataque verdadero ser dirigido contra los valores generales, no obligatoriamente ligados a la guerra que, como hemos indicado antes y que comprenden en primer lugar la disciplina, el sentido del honor, la impersonalidad activa, las relaciones de responsabilidad, de mando y de obediencia, el poco gusto por las habladurías y las "discusiones", una solidaridad viril, teniendo como punto de partida la verdadera libertad -la libertad PARA hacer algo, algo que valga la pena y lleve más allá del inmovilismo de la existencia burguesa, "próspera" y vegetativa, por no hablar de la existencia proletaria y del "Estado del Trabajo".

Es pues natural que en una nación "liberada" -liberada en primer lugar de esta grave carga que había sido propuesta al pueblo italiano, fue bajo formas en ocasiones discutibles y que habían aparecido impropias, en buena parte, de este pueblo, en razón de sus disposiciones lamentables, como una tarea que reclamaba una tensión elevada y una disciplina o una ética de tipo militar- los valores de una precedente tradición que sobrevivieron minados y desacreditados, se hayan vivido de manera fragmentaria y parcial. Es así como se considera con "humana" comprensión los "objetores de conciencia" que proliferan y que, siguiendo a la ideología absurda de Nuremberg, se reconozca el derecho e incluso el deber, para el soldado y el oficial, de rehusar obedecer y romper el juramento de fidelidad cada vez que su opinión personal se lo sugiera, no significando nada para ellos la idea de Estado.

CAPITULO VIII

SOBRE LAS INSTITUCIONES FASCISTAS

L a crisis a la cual el fascismo debió hacer frente durante el período de la secesión "aventiniana" fue una ocasión favorable para la superación de la solución de compromiso representada por el primer gobierno de coalición. El fascismo se encontró rápidamente obligado a resolver completamente el problema institucional en lo que respecta al sistema de representaciones y al principio del gobierno. Aquí tampoco la doctrina precedió a la práctica; hicieron falta diferentes desarrollos para que la reforma parlamentaria se afirmase y estableciese bajo la forma del nuevo parlamento corporativo.

"La cámara de los diputados es ahora anacrónica hasta en su nombre mismo, declara Mussolini en 1933. Es una institución que hemos encontrado ajena a nuestra mentalidad". "Supone un mundo que hemos demolido; supone la pluralidad de los partidos y a menudo y gustosamente, el ataque a la diligencia. Desde el día en que hemos anulado esta pluralidad, la Cámara de los Diputados ha perdido la excusa esencial de su razón de ser", Mussolini estimaba que el parlamentarismo "reproduce un cierto movimiento de ideas, en tanto que sistema de representación es una institución que ahora ha agotado su ciclo histórico". Ligado de forma inseparable a la democracia, el parlamentarismo, visto el nivel al cual había descendido en Italia -pero también en otros Estados, particularmente en Francia, donde el politicastro reemplazó al hombre político, en donde se afirmaba un sistema que reposaba sobre la incompetencia, la corrupción y la irresponsabilidad, donde ninguna estabilidad gubernamental era asumida dado el carácter propio a un "Estado vacío", es decir, privado de un centro de gravedad sustraido a las contingencias - este parlamentarismo, a los ojos de Mussolini, simbolizaba la absurdidad del sistema.

A decir verdad, el problema tenía un triple aspecto: el del principio electoral en general, el del principio de la representación y en fin el principio político de la jerarquía. La solución fascista fue una solución parcial. Pero, desde nuestro punto de vista, puede decirse que la dirección tomada fue positiva.

Sobre el principio de la representación y la concepción misma del parlamento, hoy se está habituado a asociarlas exclusivamente al sistema democrático absoluto que reposa sobre el sufragio universal directo. Lo cual es absurdo y se resiente ante todo del individualismo que, combinado con el simple criterio cuantitativo, define a la democracia moderna. Decimos individualismo en un sentido peyorativo, pues se trata quizás aquí del individuo en tanto que unidad abstracta, y atómica, teniendo un estado civil y no de "persona". La cualidad expresada por esta última palabra -es decir la persona en tanto que ser provisto de una dignidad específica y rasgos diferenciados- está por el contrario, con toda evidencia negado y ofendido, en el sistema donde todos los votos valen igual, el voto de un gran pensador, de un príncipe de la Iglesia, de un jurista, o de un sociólogo eminente, de un jefe militar y el voto de un analfabeto, de un semi-idiota, del hombre de la calle que se deja sugestionar en las reuniones públicas o que vota por quien la paga. Que pueda hablarse de "progresivo" y de "progreso" refiriéndose a una sociedad donde se ha llegado a encontrar todo esto normal, es uno de los numerosos absurdos que, en tiempos mejores quizás, serían un motivo de extrañeza y diversión.

Pero si se hace abstracción de los casos manifiestamente inferiores, es evidente que en razón de la naturaleza misma del principio democrático de la representación, es imposible asegurar la primacía del interés general, especialmente si se da a este interés un cierto contenido trascendente "político", en un sentido opuesto a lo que es "social", sentido ahora ya conocido por nuestros lectores. El individuo, en efecto, no puede tener más que intereses particulares, en medio de intereses de categoría. Además, dado el materialismo creciente de las sociedades modernas, estos intereses tienen un carácter cada vez más economicista, físico. Es pues evidente que aquel que quiere asegurarse una "mayoría" es decir, el número, bastará con tener en cuenta el condicionamiento y deberá pues contemplar únicamente la protección, aunque sea equívoca, de estos intereses inferiores en su programa electoral, personal o de partido.

A esto se añade, en el sistema parlamentario democrático, la "politización" que en el marco del régimen de partidos, golpea numerosos intereses individuales o sociales, los cuales, en sí mismos, no deberían ser políticos. Los partidos del sistema democrático no son simples representaciones de categorías de intereses; tácticamente, se presentan en una especie de concurso o competición para la mejor defensa de los intereses de tal o cual grupo de electores, pero en realidad tienen cada uno una dimensión política, cada uno una ideología; no conocen ni intereses ni exigencias que los superen, actúan en el "Estado vacío", y tienden cada uno a la conquista del poder: de ahí deriva una situación que no puede ser sino caótica e inorgánica.

Esta plusvalía política de los partidos es evidente en la tesis demo-liberal según la cual la pluralidad de los partidos constituiría una garantía para la "libertad"; las numerosas opiniones en oposición, los múltiples puntos de vista, la "discusión" permitirían escoger sin equivocación la dirección más justa. Todo esto naturalmente carece de sentido, ya que en el Parlamento o, mejor, en la "Cámara de los Diputados" el criterio numérico del voto directo está igualmente en vigor, si bien los diputados son iguales en el voto individual, al igual que los ciudadanos electores; en consecuencia, tras la "discusión", es siempre el número el que se impone de hecho y siempre habrá una minoría que sufrirá la violencia puramente númerica de la mayoría. Pero es preciso también considerar que la pluralidad de los partidos y de los puntos de vista no puede ser fecunda más que en un marco de consulta y colaboración, lo que supone una unidad de principio y de intenciones; y no cuando cada partido tiene, precisamente, una plusvalía política y una ideología, y no tiende, del todo a jugar su papel en un sistema orgánico y disciplinado, sino a "atacar la diligencia", es decir a conquistar el Estado, a tomar el poder. En efecto, es de "lucha política" que se habla siempre hoy, sin términos medios: una lucha en donde, precisamente en la democracia, todos los principios son buenos.

El hecho es que debería distinguirse entre sistema representativo en general y sistema representativo igualitario, nivelador, con base puramente numérica. Incluso el Estado que llamamos tradicional conoció el principio representativo, pero en un marco orgánico. Se trata de una representación, no de individuos, sino de "cuerpos", los individuos no existen más que en la medida en que formaban parte de unidades diferenciadas teniendo cada una, una cualidad y un peso diferente. Como representación de cuerpos, el parlamento y cualquier otra institución análoga tenía un valor incontestable, abrazada los intereses de la nación en toda su riqueza y en toda su diversidad. Es así como junto al principio representativo, el principio de jerarquía podía afirmarse por que no era la simple fuerza numérica de los grupos, de los cuerpos o de las unidades parciales con sus propios representantes en el parlamento, lo que era considerado, sino su función y dignidad. El clima y los valores de un Estado tradicional, siendo además diferentes, excluían automáticamente la preponderancia automáticamente impuesta por el número, intereses de orden inferior: lo que, por el contrario, sucederá siempre en las democracias absolutas modernas, por que son los partidos de masas quienes prevalecen necesariamente. Los Estados Generales, el parlamento tal como existía en Hungría y Austria, con el esquema del *STANDESTAAT*, designación características para el sistema de una unidad representativa cualitativa, articulada y graduada, eran semejantes a la estructura de la cual hemos hablado. Las corporaciones, la nobleza, el clero, el ejército, etc. estaban representados como cuerpos correspondientes a la nación cualitativamente diferenciada, para trabajar de concierto con los intereses nacionales y generales.

Estas consideraciones de principio, a las cuales hemos dado cierta amplitud son necesarias a fin de que, regresando sobre este punto, el lector pueda tener elementos para juzgar de forma adecuada lo que el intento de reforma fascista de las representaciones comporta de positivo, reforma que puede calificarse, según el punto de vista, de contra-revolucionaria o revolucionaria (contra-revolucionario, si se considera que el sistema parlamentario reposaba sobre una base inorgánica y cuantitativa derivada directamente de las ideologías revolucionarias de 1789 y 1848). La Cámara fascista de las Corporaciones significa, en principio, el regreso al sistema representativo por "cuerpos". La dirección tomada puede pues ser juzgada como esencialmente positiva.

Pero había una diferencia, a causa de la acentuación del aspecto de una representación de las "competencias" bajo formas sobre todo técnicas, correspondientes a la época: cosa que servía sin embargo para eliminar categóricamente lo que hemos llamado la plusvalía política o ideológica de las representaciones; pero esta restricción del dominio y del concepto de los "cuerpos", sustituidos a los partidos, permitía superar el absurdo sistema electoralista democrático, sistema que puede conducir al parlamento a politicastros incompetentes, los cuales, gracias a ciertas combinaciones o maniobras de pasillo, podrían incluso formar parte de un gabinete en tanto que ministros o subsecretarios de estado para sectores de la actividad nacional para los cuales están privados de toda preparación, de formación serie y de experiencia directa. La designación de inspiración corporativa y sindical de la representación parlamentaria evita esta incoherencia. Este sistema hace que no sea la masa electoral informe y agitada quien elija a su representante, sino el medio específico el que escoje a una persona cualificada para esta función según su competencia en ese terreno concreto.

Pero el fascismo contempla además un sistema mixto, en el cual la designación por nominación de lo alto, se añadía a la elección: la elección o designación por el "cuerpo" no concernía solo a una persona, sino a varias, entre las cuales el gobierno hacia la elección; se podía así hacer valer otros criterios igualmente políticos, sin perjudicar el principio fundamental de las competencias. Considerada bajo esta perspectiva la reforma fascista presenta pues un carácter racional y plausible. Lo que ha seguido, la práctica efectiva en el régimen fascista, es aquí otra cuestión que afecta, como ya hemos señalado, a un terreno que está alejado de nuestras competencias y de nuestro objeto de estudio.

La Cámara Corporativa no debía presentarse como un lugar de "discusiones", sino de trabajo coordinado donde la crítica, admitida sobre el plano técnico y objetivo, no lo era sobre el plano político. Sin embargo, esta delimitación del dominio inherente a la representación de las competencias, con el inevitable relieve dado también a la esfera de la producción económica, habría reclamado una definición adecuada e institucional del principio jerárquico, en el sentido de una exigencia superior ligada al dominio de los objetivos finales. Siendo eliminados los partidos, y despolitizadas las representaciones, el puro principio político habría debido ser concentrado y hecho actuar sobre un plano distinto y supraordenado.

El Estado de tipo tradicional frecuentemente representa el modelo o el esquema de todo esto, con el sistema de las Dos Cámaras, la Cámara Baja y Cámara Alta. El ejemplo más próximo fue la doble existencia, en Inglaterra, de la Cámara de los

Comunes y de la Cámara de los Lores, bajo su forma originaria. Una dualidad de este género parece tanto más necesaria en razón del carácter cada vez más técnico y corporativo del parlamento y a causa de la inexistencia, en las sociedades modernas, de "cuerpo" organizados que sean los representantes de los valores de la tradición. El fascismo había encontrado en Italia la dualidad de la Cámara de los Diputados y del Senado. La reforma fascista respeta esta dualidad pero no provoca una revisión adecuada y enérgica de la "Cámara Alta", el Senado, que guardó en general, durante el Ventennio su precedente característica de superestructura decorativa e ineficaz. Un Senado, con miembros exclusivamente designados desde lo alto, escogidos, sobre todo, en función de su cualidad política, cualidad de representantes de la dimensión transcendente de Estado, es decir, de factores espirituales, meta-económicos y supranacionales, habrían podido realizar una instancia jerárquica más elevada en relación a la Cámara Corporativa. En todas partes donde esto se habría mostrado necesario habría debido hacerse prevalecer el "orden de los fines", comprendidos en su sentido más alto, sobre el "orden de los medios" y, en consecuencia, establecer y actualizar la jerarquía natural de los valores y de los intereses.

Pero, a este respecto, la fuerza institucional revolucionaria y reconstructora del fascismo se detuvo a medio camino. El senado conservó globalmente su fisonomía propia que le había dado la tradición de fines del siglo XX en Italia, quedando así privada de una función verdadera. Sobre este punto igualmente se hace sentir la influencia negativa del pluralismo de las instituciones: las jerarquías del partido; la herencia del institucionalismo monárquico de la Italia precedente, a la cual pertenecía precisamente el senado de tipo antiguo; y se podría añadir, la Academia de Italia, en la medida en que habría debido reunir, en principio, a representantes de los valores superiores, que no había por que confinar en la esfera de una cultura pomposa, sino volverlos, por el contrario, operativos. Todo esto habría debido ser depurado, unificado y revisado, y es evidente que aquí hubiera sido preciso referirse igualmente a lo que hemos dicho respecto de la constitución de una "Orden" que habría debido servir, precisamente, de núcleo esencial de la Cámara Alta. A pesar de todo esto, hágase una comparación pensando en lo que son en Italia la actual Cámara de los Diputados y, sobre todo, el nuevo Senado, al cual se ha extendido en gran parte, el absurdo principio electivo de la democracia absoluta, y no debería dudarse, desde el punto de vista de los principios, si fuera cuestión de pronunciar un juicio.

Ciertamente, en el fascismo, la fórmula aberrante del "Estado del trabajo", además proclamado por la nueva constitución del Estado democrático italiano, apareció un poco por todas partes; ciertamente, además de la concepción del "Estado Etico" (el Estado pedagogo para individuos espiritualmente menores), desembocó, en el aún más lamentable "humanismo del trabajo" (también aquí se trataba de teorías de Gioavanni Gentile). Pero todo esto puede ser referido a las escorias, a las partes no esenciales y no válidas del fascismo.

En efecto, por boca misma de Mussolini, el fascismo afirma explícitamente que las "corporaciones pertenecen al orden de los medios y no al de los fines" (1934). La corporación es la institución por medio de la cual "el mundo de la economía, hasta ahora desordenado y extraño, entra también en el estado", la disciplina política puede así asociarse a la disciplina económica. Pero esta inmicción no debía ser una forma o una cobertura a través de la cual se realizaría la conquista del Estado por la economía, y aun menos significar la degradación y la involución de la idea misma del Estado. Esta habría sido efectivamente la tendencia del "pancorporativismo" expresada por algunos intelectuales inspirados en Gentile, sobre todo después del congreso corporativo que se celebró en Ferrara en 1932. Y sobre esta línea se ve como llegaron a concebir una especie de comunismo corporativo ("la corporación propietaria", más o menos estatizada) y a pedir la disolución del partido institución a favor del puro Estado Sindical y corporativo. Pero todas estas intentonas permanecieron como veleidades ideológicas sin valor.

De otra parte, la distinción entre esfera política y esfera corporativa no fue tampoco abolida en el sentido opuesto, partiendo de lo alto, por un "totalitarismo" estatizante. Pero si Mussolini, en efecto, indica el "Estado Totalitario" (en 1933) como una de las tres condiciones para desarrollar un "corporativismo pleno, completo e integral", las otras dos eran una tensión ideal elevada y la entrada en acción "junto a la disciplina económica, de la disciplina política (...) para que haya, por encima de la oposición de intereses, un lazo que lo una todo", declara también: "La economía corporativa es multiforme y armoniosa. El fascismo no ha pensado jamás en reducirla a un máximo común denominador: es decir, transformar en monopolio de Estado todas las economías de la nación. Las corporaciones los reparten y el Estado no los recupera más que en el sector que interesa para su defensa". De manera muy clara, fue declarado que "el Estado corporativo no es el Estado económico", lo que podía entenderse en dos sentidos: oponerse a una función de la corporación, sea como instrumento de estatización centralizadora, sea como instrumento de conquista del estado por la economía.

CAPITULO IX

EL CORPORATIVISMO FASCISTA

Vamos a estudiar ahora el principio corporativismo bajo el ángulo socio-económico y no político. A este respecto igualmente el fascismo recupera, en cierta medida, un principio de la herencia tradicional, del de la "corporación", comprendida como una unidad de producción orgánica, no rota por el espíritu de clase y la lucha de clases. En efecto, la corporación, tal como ha existido en el marco del artesano y ante la industrialización a ultranza y tal como, partiendo del mejor período de la Edad Media, se había continuado en el tiempo (es significativo que su abolición fuese una de las primeras iniciativas de la Revolución Francesa), ofrece un esquema que, a condición de ser corregido de manera adecuada, podía servir -pudiendo servir aun hoy- de modelo para una acción general de reconstrucción apoyándose sobre el principio orgánico. De hecho, en el fascismo no juega este papel más que hasta cierto punto, en razón sobre todo de los residuos de los orígenes que se habían mantenido en el Ventennio. Se trata aquí esencialmente del sindicalismo, que continúa ejerciendo en Mussolini una fuerte influencia y sobre los elementos próximos a él.

Bajo su aspecto típico de organización superadora del marco de la empresa, el sindicato es efectivamente inseparable de la concepción marxista de lucha de clases y, por consecuencia, de la visión materialista global de la sociedad. Es una especie de Estado en el Estado y corresponde pues a uno de los aspectos de un sistema donde la autoridad del Estado está disminuida. La "clase" que se organiza en sindicato es una parte de la nación que intenta hacerse justicia y que pasa a la acción directa bajo formas que revelan a menudo chantaje, a pesar del reconocimiento que esta acción puede extraer: el "derecho sindical" en el fondo no es otra cosa que un derecho substraído de la esfera del derecho verdadero que solo el estado soberano debería administrar. Se sabe que en Sorel, al cual Mussolini había admirado mucho en los inicios, el sindicalismo toma un valor directamente revolucionario y se refiere a un "mito" o a una idea-fuerza general.

De otra parte, se sabe que en algún régimen no íntegramente socialista o en cada régimen donde el capitalismo y la iniciativa privada no están abolidos, el sindicalismo provoca una situación caótica, inorgánica e inestable. La lucha entre las categorías de trabajadores y los empleados por el arma de la huelga y otras formas de chantaje de parte de estos -con las defensas, convertidas cada vez en más raras y débiles, por parte de los segundos, y los LOCK OUT- se fracciona en presiones y enfrentamientos parciales, cada asociación categorial no se ocupa más que de intereses, no queriendo saber nada de los desequilibrios que sus reivindicaciones particulares puedan entrañar en el conjunto y menos aún del interés general; el todo, habitualmente, está cargado sobre el Estado y el gobierno que se encuentra así forzado a correr aquí y allí para tapar agujeros y poner en pie, golpe a golpe, la estructura tambaleante e inestable. A menos de creer en el milagro de alguna "armonía prestablecida" de tipo leibnitziano, no puede concebirse que en una sociedad donde el Estado ha cedido siempre más adelante del sindicalismo como fuerza auto-organizada, la economía pueda sobrevivir un curso normal; puede pensarse, por el contrario, que en razón de la multiplicidad de los problemas y de los conflictos, la situación se volverá tal que al fin la única solución razonable será hacer tabla rasa y aceptar la solución íntegramente socialista como la única capaz de instaurar, a través de una planificación total, un principio de orden y disciplina. La situación de Italia en el momento en que escribimos estas líneas puede servir de ejemplo más elocuente a esta verdad.

Gracias al corporativismo, el fascismo quiere pues superar el estado creado por el sindicalismo y la lucha de clases. Se trataría de restablecer la unidad de los diferentes elementos de la actividad productiva, unidad comprometida, de un lado por las desviaciones y las prevaricaciones del capitalismo tardío, de otra por la intoxicación marxista difundida en las masas obreras, excluyendo la solución socialista y reafirmando, por el contrario, la autoridad del Estado como regulador y guardián de la justicia, comprendida sobre el plano económico y social. Pero, como ya hemos dicho, esta reforma inspirada en un principio orgánico se detiene a medio camino en el corporativismo fascista y en su práctica; se va no hasta las raices del mal sino a sus efectos. Esto pudo producirse por que el fascismo del Ventennio no tuvo el valor de tomar una posición netamente antisindicalista. El sistema intuyó por el contrario que, sobre el plano legislativo, sería positiva la institución de un doble frente de empleados y empresarios, dualidad que no fue superada en la medida en que habría sido preciso, es decir, en el marco de la empresa misma, en medio de una nueva estructuración orgánica de esta (en el sentido de "estructura interna"), sino en las superestructuras estatales generales, afectadas por un pesado centralismo burocrático y, en la práctica, a menudo, parasitarias e ineficaces. Los aspectos más calamitosos del sistema precedente eran bien eliminados con la prohibición de la huelga y del "lock-out", con una reglamentación de los contratos de trabajo y de las formas de control, impidiendo así lo que hemos llamado el anarquismo reivindicativo; ahora bien, se trató siempre de una reglamentación externa, a lo más arbitraria, que no se desarrolló en la vida concreta de la economía. Mussolini, sin embargo, indicando como hemos visto, una tensión ideal particular, y subrayando el carácter no solamente económico sino también ético de la corporación había tenido el sentimiento preciso del punto donde habría debido iniciarse la reforma corporativa: lo esencial, era un nuevo clima que actuara de forma directa y formadora en las empresas, devolviéndoles su carácter tradicional de "corporaciones". En primer lugar, una acción sobre las mentalidades entraba pues en el capítulo de las necesidades:

de un lado era preciso desproletarizar al obrero y arrancarlo del marxismo; de otro, era preciso destruir la mentalidad puramente "capitalista" del empresario.

Puede anotarse que en regla general fue más bien el nacional-socialismo alemán quien avanzó claramente en la dirección justa, tradicional e incluso el movimiento contrarevolucionario español (falangismo) y portugués (constitución de Salazar). En el caso de Alemania, debe también pensarse a este respecto en la influencia ejercida por el mantenimiento de estructuras más antiguas regidas por una cierta actitud y una cierta tradición, por el contrario inexistentes en Italia, influencias que debían proseguir incluso tras el hundimiento del hitlerismo y la eliminación formal de la legislación nacional-socialista del trabajo, a la cual se debió esencialmente lo que ha sido llamado milagro "económico", el relevo rápido y la recuperación de Alemania Federal tras la gran catástrofe.

El nacional-socialismo prohibió los sindicatos -tal como veremos más adelante en las NOTAS SOBRE EL TERCER REICH- tendiendo a superar la lucha de clases y el dualismo correspondiente EN EL INTERIOR mismo de la empresa, en el interior de CADA empresa de cierta dimensión, dándose una formación orgánica y jerárquica en vistas a una estrecha cooperación: reproduciendo incluso en la empresa el esquema que el régimen había propuesto para el estado. Una vez concebida la empresa como una "comunidad" (que podía corresponder a la comunidad de la antigua corporación), se reconocía en efecto al jefe de empresa, de forma análoga, una función de FUHRER, su título era *BETRIEBS FUHRER* ("Jefe de Empresa"), mientras que los obreros eran llamados su *GEFOLGSCHAFT*, término que podría traducirse literalmente por "continuación", es decir, un conjunto de elementos asociados que debían ser unidos por un sentimiento de solidaridad, de subordinación jerárquica y fidelidad. (Esta "reciprocidad de derechos y deberes", que según la carta del Trabajo fascista (párrafo VII) habría debido derivar de la "colaboración de las fuerzas productivas", era así referida a algo viviente que, solo podía darle un fundamento sólido; y puede decirse que podía afirmarse de esta suerte, contra la mentalidad marxista y materialista, sobre el plano amplio, ético y viril, del que hemos hablado precedentemente.

En cuanto al papel mediador y moderador y al principio político en tanto que exigencia superior posible, a este respecto igualmente se permanecía, en Alemania, en el interior de la empresa; las tareas confiadas en Italia a los órganos corporativos fascistas del estado debían ser realizados aquí, sobre una escala adecuada, por delegados políticos destacados en las empresas teniendo el poder de reglamentar los conflictos, de hacer recomendaciones y modificar eventualmente la reglamentación en vigor, haciendo valer principios superiores. El nombre mismo de la más alta instancia de este sistema, el "Tribunal del Honor Social", pone de nuevo de relieve el aspecto ético que la solidaridad en cada empresa debía esencialmente revestir. Igualmente para el sistema fascista, el principio del sistema en cuestión era la responsabilidad del empresario ante el Estado para la orientación de la producción como contrapartida del reconocimiento de su libre iniciativa. Y aquí, las consecuencias y consideraciones que hemos hecho ya sobre el antitotalitarismo y la descentralización podrían muy bien ser recordadas: la libertad y la libre empresa pueden ser concebidas tanto más ampliamente cuando el poder central es un centro de gravedad a los cuales se está ligado por un lazo inmaterial, ético -antes que por una norma positiva cualquiera, contractual y obligatoria- son más fuertes. En el ejemplo alemán, las empresas bajo su nueva forma de unidades corporativas, no unidas más que en el conjunto del "Frente del Trabajo".

Puede señalarse que una orientación del mismo género había sido seguida en España: la dirección de una reconstrucción orgánica de la empresa en el interior de esta. Aquí también, no se tenía al empresario como opuesto al trabajador en una especie de guerra fría permanente, sino la solidaridad jerárquica. En el esquema original de la corporación "vertical", el empresario tomaba el carácter de un jefe -EL JEFE DE EMPRESA- tenía a su lado a los JURADOS DE EMPRESA, como órgano consultivo y que correspondería, si se desea, a las comisiones internas, y a los sindicatos tal como existieron en un primer momento en los EEUU (sindicatos de empresa o de complejos industriales, no organización de categorías en el interior de la empresa), aquí igualmente eran puestos de relieve un principio de colaboración y de lealismo antes que de simple defensa de los intereses obreros.

Es preciso contemplar brevemente los desarrollos que el segundo fascismo, el de la República Social de Saló intentó dar a la reforma corporativa. Pueden constatarse a este respecto dos aspectos opuestos. En efecto, de un lado podría pensarse en un paso adelante realizado en la dirección señalada anteriormente, porque se da un relieve particular a la figura del jefe de empresa y en regla general se contempla la creación en las empresas de "consejos de gestión" mixtos que habrían podido estar orientados en el sentido de un régimen de cooperación orgánica, naturalmente en los terrenos donde no era absurdo pedir consejo a un profano (problemas técnicos particularmente especializados o de alta gestión). Pero el rasgo más audaz y revolucionario, en el Manifiesto de Verona que se convirtió en carta magna del nuevo fascismo, fue el ataque contra el capitalismo parasitario, pues el reforzamiento de la autoridad y de la dignidad del jefe de empresa no era reconocido por éste, quien, siendo el "primer trabajador", es decir, el empresario capitalista comprometido, no el capitalista especulador ajeno a los procesos de producción y simple beneficiario de los dividendos (no es más que en referencia a este segundo tipo que puede en efecto justificarse, al menos en parte, la polémica marxista). Se podía pensar aquí también en una recuperación del modelo de la antigua corporación, donde el "capital" y la propiedad de los medios de producción no eran un elemento ajeno o separado de la unidad de producción, sino que estaban comprometidos en esta en la persona misma de los artesanos.

Pero la contrapartida negativa de esta legislación del trabajo del segundo fascismo es visible sobre dos puntos. El primero concierne a la "socialización", con la cual se va muy lejos y donde se manifiesta una tendencia demagógica, incluso si esta "socialización" partía de una exigencia orgánica. No puede excluirse aquí la posibilidad de una inflexión debida a objetivos tácticos: en la situación crítica, por no decir desesperada en que se encuentra el fascismo de Saló, Mussolini intentó quizás todos los medios para ganarse la simpatía de la clase obrera, que volvía irresistiblemente a la órbita de las ideologías de izquierda. Se podría pues hablar de un intento de apertura comprendida como un medio para prevenir a la izquierda propiamente dicha. Pero la socialización, en sí, no puede sino representar una agresión de abajo contra la empresa y, fuera de absurdos de orden técnico y funcional, sobre los cuales no podemos detenernos aquí mucho tiempo, es evidente que no responde a la exigencia legítima que podía haberla inspirado a causa de una unilateralidad manifiesta.

De hecho, la principal sugestión del sistema propuesto por este aspecto de la legislación fascista republicana se refería a la participación de trabajadores y empleados en los beneficios de la empresa, cosa que, en sí misma, dentro de ciertos límites, podía incluso ser una justa limitación de las posibilidades dejadas a un capitalismo explotador y acumulador de beneficios. Pero para hacer desaparecer estos aspectos seductores del sistema, habría bastado con poner en evidencia que, si se quería crear un régimen de solidaridad verdadera, la participación en los beneficios habría debido tener como contrapartida natural la participación de los obreros en el eventual déficit, con una reducción lógica de los salarios y de los beneficios: solidaridad en la buena y en la mala fortuna. Y esto habría ya bastado para enfriar numerosos entusiasmos. La justa solución, capaz de asegurar un verdadero compromiso y una corresponsabilidad habría sido, antes que la "socialización", un sistema de participación por acciones (con oscilación de dividendos) de los obreros y de los empleados por una cuota de las acciones (intransferibles y no pudiendo ser vendidas) que sin embargo tendría como resultado el que la propiedad de la empresa estuviera siempre en manos de los empleados. Es el sistema que, recientemente ha sido experimentado en el extranjero en algunas grandes empresas. Pero esto no es ciertamente el lugar para estudiar los problemas de este género, a los cuales no se ha hecho alusión más que para poner en evidencia, en medio de una comparación, los límites y las debilidades de la segunda legislación fascista del trabajo.

El segundo punto negativo y regresivo de esta legislación, fue una intensificación del sindicalismo y del centralismo mediante la creación de una Confederación única de la que habrían dependido las organizaciones sindicales siempre reconodidas y toleradas, con la tarea de decidir "en todas las cuestiones relativas a la empresa y a su vida, a la orientación y al desarrollo de la producción en el marco del plan nacional establecido por los órganos competentes del estado". A diferencia de lo que había marcado el esquema dualista de la legislación corporativa del Ventennio, un frente de empresarios y de las fuerzas del capital no estaba previsto en esta confederación, la cual tendía a la "fusión, en un solo bloque, de todos los trabajadores, técnicos y dirigentes". Frente a este bloque, el problema esencial, según nosotros, de la reconstrucción orgánica de infraestructuras en cada empresa, considerada en su autonomía, pasaba evidentemente al segundo plano. De nuevo aparecía, sobre el plano nacional y estatal, una ambigüedad que, en general, podía dar nacimiento también tanto a uno como a otro de los desarrollos negativos que hemos indicado precedentemente: a la conquista del estado por la economía, el "trabajo" y la producción de un lado; a la estatización "totalitaria" de la economía por otro. Si en la fórmula referida anteriormente, donde se habla de un "plan nacional establecido por los órganos competentes del estado", la segunda dirección podía traducirse fácilmente, quizás se preciso notar que el "bloque" así contemplado podía entrar en la perspectiva de la "movilización total" impuesta por una situación de urgencia y por esta situación donde se encuentra el fascismo "republicano", en el clima trágico del fin de la guerra. Pero es claro que esto pertenece al dominio de la contingencia, de donde no está permitido recoger aquello solo que sea concerniente al dominio de la doctrina, de los principios normativos.

En conclusión, nuestro análisis de conjunto del intento corporativo fascista, debe constatar la presencia de exigencias cuya validez y legitimidad son tanto más evidentes si se piensa en la situación socio-económico actual, desde el momento en que se reconocen los aspectos críticos y caóticos subsiguientes a pesar de las apariencias de un impulso productivo e incluso de una prosperidad efímera, con el endurecimiento de la lucha de clases y el debilitamiento progresivo del estado ante una demagogia legalizada que, ahora ya no parece tener límites. Pero de nuevo es preciso constatar y subrayar que lo que el sistema fascista presenta de positivo en este terreno y, aun más lo que habría podido ofrecer como desarrollos reconstructores con los límites que hemos subrayado, no se refiere tanto a algo "revolucionario" en el sentido negativo o exclusivamente innovador, sino, una vez más, a la acción, en el seno del fascismo, de formas cuyo basamento natural fueron civilizaciones más antiguas: formas de inspiración tradicional que los promotores del corporativismo fascista han seguido a veces conscientemente y otras por puro automatismo.

Como lector habrá visto, no hemos creído del todo oportuno hablar del "socialismo nacional" en el cual algunos han querido ver uno de los rasgos más esenciales y válidos del fascismo: la realización de este socialismo, según ellos, había sido la principal misión a realizar, no solo en Italia, sino también en Alemania, y la Carta del Trabajo había puesto los fundamentos de esta "civilización socialista" particular. No podemos absolutamente tomar en consideración tales ideas. Rechazamos recuperar el "socialismo" independientemente de sus contenidos, que son incompatibles con la vocación más alta del fascismo. El socialismo es el socialismo y añadirle el adjetivo "nacional" no es más que un disfraz en forma de "caballo de

Troya". El "socialismo nacional" en la hipótesis de que fuera realizado (con la inevitable eliminación de todos los valores y todas las jerarquías incompatibles con él), se pasaría, casi inevitablemente, al socialismo, y así progresivamente, por que no es posible detenerse a medio camino en un plano inclinado.

En su época el fascismo italiano fue uno de los regímenes más avanzados en materia social. Pero el corporativismo del ventennio, en lo que tiene de válido, debería ser interpretado esencialmente en el marco de una idea orgánica y antimarxista, luego igualmente fuera de todo lo que puede llamarse legítimamente "socialismo". Así, y solo así, el fascismo habría podido ser una "tercera fuerza", una posibilidad ofrecida a la civilización europea, una posibilidad opuesta al capitalismo como al comunismo. Es por ello que "toda apertura a la izquierda en la interpretación del fascismo" debería ser evitada si no se quiere rebajar el fascismo: no parece gustar esto a los partidarios del "Estado Nacional del trabajo" que parecen no percibir hoy, mientras desean realizar una oposición y ser considerados "revolucionarios", que la fórmula en cuestión es precisamente la fórmula institucional proclamada en la constitución de la Italia democrática y antifascista de hoy.

CAPITULO X

LA AUTARQUIA ECONOMICA

P ara pasar a otro punto, concerniente a la economía nacional y sus relaciones con el extranjero, es hoy corriente, en numerosos medios, condenar el principio fascista de la autarquía y estimarlo como absurdo. Desde nuestro punto de vista, no es cuestión de compartir tal condena.

En el dominio de las naciones, no menos que en el de las personas, uno de los mayores bienes es la libertad, la autonomía. Esta exigencia fue afirmada de forma particular por Mussolini que no dudó en decir: "sin independencia económica, la autonomía de la nación está comprometida y un pueblo con capacidades militares elevadas puede ser plegado por el bloqueo económico" (1937). Según él, en consecuencia, la nueva fase de la historia italiana debía estar "dominada por este postulado: realizar lo más rápidamente posible el máximo de autonomía posible en la vida económica de la nación" (1936). Hablar de una "mística de autarquía (1937) debe naturalmente ser considerado como un abuso de la palabra "mística", abuso que caracterizó los últimos años del fascismo. Pero podría hablarse de una "ética de la autarquía" apoyándose sobre el origen mismo de esta palabra: nos viene de la antigüedad clásica, en particular de las escuelas estoicas que profesaban precisamente una ética de la independencia y de la autosoberanía de la persona; un valor que se testimonia debiéndolo seguir, allí donde sea necesario, con el severo principio de la *ABSTINE ET SUBSTINE*.

El principio fascista de la autarquía puede pues ser

considerado como una especie de extensión de esta ética al plano de la economía nacional. Era necesario, el conservar máximo de independencia, orientación que puede ser aprobada sin titubeos. En el caso de una nación con recursos naturales limitados como Italia, un cierto régimen de autarquía y austeridad se inscribía efectivamente en la dirección adecuada. En cuanto al curso de la vida nacional, juzgamos normal, de todas formas, la situación opuesta a todo lo que nos es presentado hoy: aparente prosperidad generalizada y vida indiferente de día a día, encima de las posibilidad propias de cada uno, pasivo terrorífico del presupuesto del estado, extrema inestabilidad socio-económica, inflación galopante e invasión del capital extranjero, con múltiples condicionamiento visible e invisibles, como consecuencia.

Naturalmente, no es preciso ir muy lejos en el sentido contrario. bajo todas las relaciones, la analogía ofrecida por el comportamiento de un hombre digno de este nombre puede servir de guía. Este hombre puede favorecer el desarrollo de su cuerpo y del bienestar físico, pero sin convertirse en esclavo de él; cuando esto sucede, frena ciertos impulsos y los obliga a obedecer una exigencia más elevada, incluso al precio de sacrificios: y sucede lo mismo cada vez que este hombre quiere o debe afrontar las tareas que reclaman una tensión particular. Es para hacer posible lo que corresponde a la misma orientación sobre el plano nacional que justas relaciones deben establecerse entre el principio político de un estado nacional y el mundo de la economía; este corresponde a la parte corporal del Estado.

De un lado en el fascismo se contemplaba la creación de un Estado fuerte, en el seno del cual todas las posibilidades de la nación serían utilizadas: pero, de otro, no se puede negar que no se tenía solamente con la autarquía, una especie de *SPLENDIDE ISOLEMENT* de la nación, capaz de bastarse así misma de la máxima forma posible, sino también una preparación y un reagrupamiento de las fuerzas en vistas de un enfrentamiento armado entre estados, la experiencia hecha con la campaña en

Etiopía había servido de advertencia: las expresiones de Mussolini citadas anteriormente subrayan innegablemente este aspecto. Sin embargo, igualmente puede hacerse abstracción de todo esto y comprender el principio de la autarquía como un desafío lanzado a la economía cuyas leyes reputadas y despiadadas serían "nuestro destino". Bajo este aspecto, no puede decirse que los resultados de la experiencia hayan sido negativos; en Italia y en Alemania, la vida económica anterior a la guerra pudo desarrollarse de una manera bastante normal y fácil, a pesar del boicot internacional sufrido por las dos naciones y, ante todo, a pesar de la depreciación de sus valores devaluados en el extranjero.

Así, a partir de la autarquía como escándalo o herejía económica, se podía llegar a consideraciones de un alcance mucho más general.

Se conoce suficientemente la fórmula marxista "la economía es nuestro destino", así como la interpretación de la historia en función de la economía que hace referencia a esta fórmula. Pero el determinismo económico es igualmente reconocido por quienes, incluso, sostienen corrientes diferentes del marxismo e incluso opuestas a él. Hay lugar para decir aquí que, tomada en sí misma, esta fórmula es absurda, sino que desgraciadamente no lo es si se contempla el mundo moderno, ya que en el seno de este mundo se ha afirmado cada vez más la veracidad de esta fórmula. El puro *HOMO ECONOMICUS* es una abstracción, pero, como tantas abstracciones puede convertirse en una realidad por un proceso de atrofia y de absolutización de una parte en relación al todo: cuando el interés económico se vuelve predominante, es natural que el hombre sucumba a las leyes económicas y que estas adquieran un carácter autónomo hasta que otros intereses se reafirmen y que un poder superior intervenga. Que el "hombre económico" no existe fue también el punto de vista de Mussolini el cual le opone el "hombre integral" (1933): su ideal era que "la política ha dominado y dominará siempre la economía" y revela en este contexto lo que es concebido como destino del hombre "es, en sus tres cuartas partes, una creación de su abulia o de su voluntad" (1932). Aquí, podemos remitirnos igualmente a las perspectivas de Spengler. Este, estudiando las formas por las cuales un ciclo de civilización llega a su fin (el descenso de la KULTUR al nivel de ZIVILISATION), ha contemplado precisamente la fase donde la economía se vuelve soberana y donde se realiza una cierta conexión entre democracia, capitalismo y finanza. Esta conexión demuestra, además, el carácter ilusorio de las "libertades" reivindicadas en nuestros días, por que, aunque evidentemente, las "libertades políticas" no son nada sin la libertas o la autonomía economía, sea en el terreno individual, o en el colectivo. En este último, por que en régimen democrático son los grupos en posesión de la riqueza quienes controlan la prensa y todos los demás medios de formación de la "opinión pública" y de la propaganda: en el dominio individual y práctico, -ya que el acceso a las diversas "conquistas" de la civilización moderna, técnica y económica, con su prosperidad aparente, está pegada por otra tanta alienación del individuo, por su inserción cada vez más rigurosa en el engranaje colectivo arrastrado por la economía. Frente a esto, las "libertades políticas" son algo irrisorio.

Spengler había contemplado una fase sucesiva, llamada por él "época de la política absoluta" y puesta en relación con la aparición de estos nuevos jefes de carácter problemático, de los que ya hemos hablado. Sin olvidar las reservas realizadas a este respecto, puede sin embargo extraerse de una visión de este tipo la idea de un posible cambio de situación bajo la acción de un Estado fuerte, reposando sobre el principio separado de la autoridad. Puede serle dado frenar al "gigante desencadenando", la economía como destino. La expresión "gigante desencadenando" ha sido forjada por Werner Sombart, que se refería sobre todo el gran capitalismo y a sus determinismos inmanentes. Esta referencia específica puede ser tomada en consideración: hablando del principio de la preponderancia de la política sobre la economía, así como del retorno a la idea del Estado auténtico, de su soberanía y autoridad, concretizadas en un conjunto de estructuras adecuadas, incluso el desarrollo lógico del capitalismo en el sentido de una producción desenfrenada quizás limitada, teniendo como fin último el llevar todo lo que es economía a la posición subordinada de medios y de dominio circunscrito en una más amplia jerarquía de valores e intereses.

Para completar estas consideraciones, podría precisarse este fin último en relación con su contenido y decir que, desde nuestro punto de vista, lo esencial sería llegar a un equilibrio, a una estabilidad, a una detención del movimiento ilimitado. No podía suceder tal cosa en el fascismo, que tenía aún delante de él una tarea difícil de puesta en marcha economía, industrial y social de la nación: y esto, abstracción hecha de los proyectos expansionistas ligados a una cierta aspiración de "grandeza" más que el *SPLENDIDE ISOLEMENT* autárquico. En estas condiciones, una orientación activista y dinámica era natural, un movimiento hacia delante fue incluso anunciado en la fórmula "Quién se detiene está perdido", fórmula cuyo carácter problemático comprendía la evidencia implicación anti-autárquica consistente en aceptar sin medidas defensivas la inserción en un proceso global de condicionamiento.

No se planteó pues la última cuestión, la de un ideal de civilización a elegir de manera definitiva o como regla general. Habría lugar a preguntarse hasta que punto, en un cierto momento, la orientación justa no habría debido torcerse hacia lo que se llama "inmovilismo" por los que confunden la estabilidad y un límite positivo voluntario con la inmovilidad y la inercia, y reconocer que un paro, un freno sobre la dirección "horizontal" del devenir, de la evolución en el sentido material, técnico y económico, del proceso que termina por escapar a todo control, será siempre la condición de un progreso o de un movimiento "vertical", de realización de las posibilidades superiores y de la verdadera autonomía de la persona. En suma, para recuperar una fórmula conocida, por una realización del "ser" más allá del "bienestar".

Pero todo esto lleva evidentemente mucho más lejos que un estudio sobre la doctrina fascista y sin querer hablar de las posibilidades virtualmente ofrecidas por las economías concebidas, y en parte realizadas bajo el fascismo, entre poder y economía; posibilidades ofrecidas a condición de una justa elección de las vocaciones y, naturalmente, a condición de establecer eventualmente en la nación un cierto clima general y una visión del mundo diferente, opuesta a las que, de hecho, han terminado por imponerse irresistiblemente en nuestros días.

CAPITULO XI

EL RACISMO FASCISTA Y EL "ORDEN NUEVO"

Incluso entre los que critican hoy en Italia al régimen democrático y no nieguen el valor de ciertos aspectos del fascismo, el "racismo" es juzgado, en general, como uno de los aspectos oscuros del régimen, sobre el cual es mejor callarse, y en cualquier caso, como una especie de "cuerpo extraño" injertado en el sistema. A este respecto, el fascismo habría sido víctima e imitador del hitlerismo durante el último período de la alianza-germana, el eje Berlín-Roma.

El equívoco consistente en hacer del "racismo" un simple sinónimo de antisemitismo y de persecución brutal contra el judío, juega frecuentemente un papel importante en esta forma de pensar. Es así como ha podido leerse en una revista abiertamente "neo-fascista", el dar relieve a diferentes datos recopilados por autores judíos a fin de intentar demostrar que Mussolini, en realidad, no era "racista", por que el fascismo, durante la guerra y en el período más crítico de control alemán sobre Italia, no solo no habría perseguido a los judíos sino que incluso, a menudo, les habría protegido. Es evidente que aquí existe una confusión entre lo que pudo ser imputable a un sentimiento de humanidad y de aversión por ciertos métodos lamentables empleados por los alemanes y una cuestión de principios.

Una breve precisión sobre esta cuestión se impone como necesaria. Puede hablarse de tres factores que, en 1938, condujeron a Mussolini a estudiar la cuestión racial. El 5 de agosto de 1938 en una nota oficial se declaró que el "clima ya está maduro para un racismo italiano", en vistas a lo cual el Gran Consejo, dos meses más tarde, trazó las perspectivas fundamentales, las primeras pedidas legales para "la defensa de la raza italiana" fueron promulgadas al mes siguiente. De los tres factores, el que concierne a la cuestión judía era el más contingente. En los primeros escritos de

Mussolini no se encuentra referencia a alguna a esta cuestión. Se puede citar solamente un viejo artículo con una alusión a un tema conocido, a saber que el judío, sujetado y privado de medios normales para luchar directamente, ha debido recurrir en el mundo moderno a los medios indirectos representados por el dinero, la finanza y la inteligencia (en un sentido profano del término) para ejercer dominación y afirmarse. Además, en un artículo de 1919, Mussolini se había preguntado si el bolchevismo, apoyado en sus orígenes por banqueros judíos de Londres y Nueva York y contando (entonces) con numerosos judíos entre sus dirigentes no era una "revancha de Israel contra la raza aria".

De otra parte, no es necesario recordar que el antisemitismo no ha nacido con el nazismo, que en toda la historia, a partir de la Roma antigua, el judío ha sido objeto de aversión y persecuciones, frecuentemente sancionadas, bajo la era cristiana, por soberanos, papas y concilios. Se debe, sin embargo, reconocer que en Italia, la cuestión judía jamás ha tenido particular importancia y que la postura de Mussolini en 1939 tuvo un carácter más político que ideológico. En efecto, las relaciones diplomáticas y las informaciones se multiplicaban dando cuenta de la creciente hostilidad antifascista militantes demostrada por los judíos en el extranjero, en América particularmente: ello estaba en relación con la alianza germano-italiana. es por ello que Mussolini estuvo finalmente obligado a reaccionar; mientras los judíos italianos que, aparte de algunas excepciones, no habían alimentado nunca sentimientos particularmente antifascistas (hubo incluso judíos entre los escuadristas), comenzaron a sufrir las consecuencias de la actitud de sus correligionarios noitalianos, en razón de medidas que, sin embargo, no pueden de ninguna manera ser comparadas a las alemanas y que, muy a menudo, permanecieron como letra muerta. Ya que tratamos aquí de la doctrina, no debemos pues ocuparnos de este aspecto del "racismo" fascista; un estudio de la cuestión judía en toda su complejidad entra dentro de un marco diferente.

En cuanto a la "raza", Mussolini tuvo ocasión de hablar con frecuencia. En un período en el que no pueden sospecharse influencias hitlerianas, en abril de 1921, durante un discurso pronunciado en Bolonia, Mussolini situó el nacimiento del fascismo en relación con "una profunda y constante exigencia de nuestra raza mediterránea que, en un momento dado, se ha sentido amenazada en los fundamentos mismos de su existencia". La afirmación según la cual "es con la raza que se hace la historia" es del mismo año, la frase siguiente es de 1927: "es preciso velar seriamente por el destino de la raza; es preciso cuidar a la raza". Podrían citarse numerosas referencias más del mismo género. En 1938, durante el congreso del partido Fascista, Mussolini recordó estos antecedentes precisos para contestar a la acusación según la cual el fascismo imitaba simplemente a los alemanes, añadiendo incluso que todas las veces que había hablado de linaje había querido "referirse a la raza". Pero mientras que en la primera cita el término "ario" puede tener un contenido propiamente racista, en las demás se habla de la raza en general y se encuentra incluso ante la evidente confusión entre el concepto de raza y el de nación. Esta confusión se mantiene en el MANIFIESTO DE LA RAZA (documento muy cerrado y superficial), sonde se habla de "raza italiana", y en el empleo de esta expresión en la legislación "racista" del fascismo en 1938. Naturalmente, en esto existe un absurdo. Ninguna nación histórica es una "raza". Abstracción hecha de ciertas exigencias subjetivas de carácter eugenésico, hablar de "defensa de la raza" en estos términos llevaba a dar una vaga coloración biologizante y étnica a la posición nacionalista; lo que podía contemplarse era, a lo más, una "etnia histórica", no una verdadera raza. Pero hay más. es preciso señalar que identificando raza y nación, exaltando lo que debía encontrar una expresión típica en el concepto nacional-socialista colectivizante de la VOLKSGEMEINSCHAFT (es decir, de la unidad o comunidad nacional-racial, del pueblo-raza), en el fondo se golpeaba y vaciaba, democratizándola, la noción misma de raza. Así como apunta precisamente K.A. Rohan, había algo que la democracia no pudo destruir: la raza precisamente, en el sentido aristocrático del término. Pues solo es "de raza" y de una "raza" la élite, mientras que el pueblo no es más que pueblo, masa. Si la raza se identifica y mezcla con la nación hasta el punto de hablarse de "raza italiana", "raza alemana", etc., incluso esa muralla será destruida. Se podía y se debía, pues tomar postura contra ese "racismo" asumiendo un punto de vista aristocrático y jerárquico.

De todas formas, el segundo factor que impulsó el giro racista del fascismo debe ser referido sobre todo al concepto de una especie de conciencia "racial" de la nación. Estuvo ligado igualmente a una circunstancia contingente, a la conquista de Etiopía y a la creación del Imperio africano. A este respecto, el "racismo" fascista tuvo el mismo carácter práctico y no ideológico que la actitud común a numerosas naciones coloniales europeas, Inglaterra en primera línea, las cuales quisieron proteger mediante ciertas medidas adecuadas, que alimentaran un sentimiento de "raza", el prestigio de los blancos frente a los pueblos de color para prevenir mezclas y mestizages. El sentido de un decreto promulgado por el gobierno fascista en 1937 no fue diferente. Mussolini se contentó pues con seguir lo que había sido cursado antes, es decir, que la ideología democrática, con el principio de la "autodeterminación de los pueblos", enarbolado por los blancos, no se volviera contra ellos, provocando la revuelta, las reivindicaciones y la sublevación de los pueblos de color, hasta que los europeos fueran ellos mismos presa de psicosis anticolonialistas.

Mussolini había reconocido "la desigualdad irremediable, fecunda y benéfica, de los hombres" y su línea de conducta fue pues, a este respecto, coherente; desde nuestro punto de vista puede ser aprobada. Las distancias debían ser mantenidas. Un paso adelante fue franqueado cuando en el discurso del 18 de septiembre de 1938, Mussolini habló de la necesidad de despertar en los italianos "una clara y severa conciencia racial que no establezca solamente diferencias, sino también superioridad muy netas". Pero es preciso también recordar que en un precedente discurso, pronunciado ante estudiantes orientales, Mussolini había tomado posición contra el colonialismo inferior y el materialismo, condenando la actitud de los que consideran los territorios coloniales como simples "fuentes de materias primas y de mercados para los productos manufacturados". Se aproxima así el punto de vista esencial. Más allá de todo prejuicio y afrontar la cuestión de la legitimidad del derecho a la dominación por parte de un pueblo y de una civilización correspondiente. No puede ocultarse toda la gravedad del problema. En efecto, si consideramos el período del colonialismo propiamente dicho, sería preciso reconocer que esta legitimidad era inexistente en amplia medida, desde el momento en que no se trataba solamente de salvajes, de negros y de otras razas inferiores, sino también de pueblos que habían tenido ya una vieja civilización y una tradición como, por ejemplo, en el caso de los Hindúes. Comparados a ellos, los "blancos" no podían poner delante más que su civilización técnica y su superioridad material y organizadora. En primer lugar con el cristianismo y su extraña pretensión de ser la única religión verdadera o, al menos, la religión más elevada. De aquí las pesadas implicaciones del principio jerárquico y de la "conciencia racial" (de la nación-raza) invocada en la medida en que debía incluir no solo un sentimiento de diferencias, sino también un sentimiento de superioridad real. Es evidente que los problemas de los "pueblos sin espacio", eventualmente agravados por una "campaña demográfica", no pueden entrar en consideración de ninguna manera: la pretensión del número no puede revestir el sentido de un derecho cualquiera según el significado superior, ético o espiritual del término, y el famoso apóstrofe de Mussolini en el momento de la campaña de Etiopía: "Italia proletaria y fascista ¡en pie!", es seguramente uno de los más lamentables que jamás hayan sido sugeridos por la componente "populista" de su personalidad. Es de una Italia de trabajadores que se había debido hablar, a lo sumo, sin recuperar la jerga marxista y sin transponer sobre el plano internacional el mito fatal de la lucha de clases (cosa que, además, Corradini había ya empezado a hacer, desde el punto de vista nacionalista).

De otra parte, no puede decirse, visto el estado en el que hoy están reducidos los pueblos occidentales, que los problemas de este género estén privados de sentido. De un lado subsisten hoy formas veladas de colonialismo económico, es decir de condicionamiento de los pueblos de color "sub-desarrollados" y convertidos finalmente en independientes, por más puestas en marcha de la industria y el capital extranjeros (el "segundo colonialismo", en el cual rivalizan América y la URSS); de otra, hay una renuncia cada vez más precisa a toda independencia verdadera en las nuevas "naciones" no europeas por que se asiste a esta extraña paradoja: abstracción hecha de las etnias primitivas y verdaderamente inferiores una serie de pueblos no europeos no han roto el yugo "colonialista" más que para sufrirlo bajo una forma peor que la simple explotación económica bajo administración extranjera: renunciando cada vez más a sus tradiciones, a menudo seculares, estos pueblos se han occidentalizado, han adoptado la civilización, las ideologías, las formas políticas y los modos de vida de los pueblos blancos, capitulando pues cada vez más ante su seudo-civilización, no teniendo otra ambición más que "desarrollarse" y afirmarse como facsímiles paródicos de los Estados de pueblos blancos, sin concebir ninguna oposición a estos. Así todo converge hacia la nivelación general, y más que ayer, solo las relaciones de fuerza y las esferas de influencia más brutales pueden ser determinantes.

Para regresar a nuestro problema esencial, es preciso ahora estudiar el tercer y más importante factor del "giro racista" del fascismo. Aquí, seguramente pude hablarse de una continuidad y de una coherencia en relación a ideas que Mussolini profesó siempre. El problema que le interesaba y por el cual creyó que un racismo en el sentido propio, positivo (es decir, separado ya sea del antisemitismo como de la defensa del prestigio del pueblo-raza - la "raza italiana"- frente a los pueblos de color) habría podido aportar una contribución importante, era el de la formación de un nuevo tipo de italiano, que era preciso separar de la sustancia bastante inestable y anáquica, sobre el plano del carácter, de nuestro pueblo (sustancia que presenta estas características precisamente por que está lejos de corresponder a una "raza" homogénea). Mussolini pensaba, no sin razón, que el porvenir del fascismo y de la nación dependían menos de la transmisión de ideas y de instituciones que de una acción formadora capaz de engendrar un "tipo" seleccionado. Crear "un nuevo modo de vida" y "un nuevo tipo de italiano" había sido una exigencia sentida por Mussolini desde el principio del nuevo régimen y, hemos ya visto como esto sucedía en un momento en que no podía hablarse ciertamente de la influencia nazi por que el hitlerismo aún no había llegado al poder; hacia 1929 Mussolini, al informar sobre los pactos de Letrán ante el Parlamento, habló de una acción del estado que, "transformando continuamente la nación" pueda alcanzar hasta "su aspecto físico": esta es una idea que, por lo demás, estaba estrechamente ligada a la doctrina general, ya expuesta por nosotros, de las relaciones entre el Estado y la Nación, como entre "forma" y "materia".

Aquí residía precisamente el aspecto positivo y creador del racismo político. En principio no se trataba de algo quimérico. En materia de razas, tomadas, no como grupos originales dados sino como grupos que se forman con caracteres suficientemente estables en relación a una civilización y a una tradición y se definen, ante todo por una manera de ser, por una "raza interior", la historia nos presenta numerosos ejemplos. Puede precisamente recordarse el caso del pueblo de Israel, que, en sus orígenes estuvo lejos de corresponder a una sola raza pura u homogénea sino que, por el contrario, ha sido un compuesto étnico unido y formado por una tradición religiosa, como luego en los EEUU ha nacido rápidamente un tipo fácilmente reconocible de la mezcla étnica más verosimil bajo el efecto del clima y de cierta civilización, o más bien, de una seudo-civilización (lo que deja entrever posibilidades más amplias cuando se trate, por el contrario, de una verdadera civilización, de tipo tradicional).

Se podía tender además a un ideal de integralidad humana. Mientras que la referencia a la raza y a la sangre podía valer como exigencia contra todo lo que fuera individualismo, intelectualismo y comportamiento muy exteriorizado, se podrían extraer simples expresiones como "ser de raza", "tener raza", "*ETRE RACE*", aplicables no solo al ser humano, sino también al animal, con su sentido específico e irreprochable de la raza: se trata de una correspondencia verdadera y máxima con el "tipo" de la especie, cosa que no se verifica en la masa, sino solo en un pequeño número de seres. Todas las protestas de intelectuales o "espiritualistas" no pueden además, nada: si los valores verdaderos eran defendidos por hombres que reproducirían, sobre el plano de la raza física (SOMA) y del carácter (raza del alma), un tipo superior, antes que demostrar una penosa fractura entre el cuerpo y el espíritu, esto sería un bien, un mejor. A este respecto, se puede incluso dejar de lado todo "racismo" moderno y referirse a un ideal clásico, helénico si se quiere.

Nosotros hemos hecho ya alusión al MANIFIESTO DE LA RAZA: publicado por orden del régimen en 1938 como preludio al giro racista por un pequeño grupo formado pro elementos con orientación poco homogénea, rebuscadas aquí y allí, este texto era algo inconsistente, debido a la completa inexistencia, en Italia de estudios preliminares adecuados. Entre otras cosas, se afirmaba en el MANIFIESTO que el concepto de "raza es puramente biológico" y, además el uso de la expresión absurda "raza italiana"; se sostenía que la población "de Italia actual es de sangre aria" y que "su civilización es aria", olvidando precisar qué se debía entender por esto. De hecho, esta arianidad se reducía a algo negativo y problemático, consistía en no ser judío o de una raza de color, sin ninguna contrapartida positiva, sin ninguna definición de un criterio superior para establecer el comportamiento, el estilo de vida, las predisposiciones caractereológicas y espirituales de aquel que podía decirse verdaderamente ario. Además, la influencia extranjera era evidente en este caso, así cuando se precisaba que el racismo fascista debía ser de orientación "nórdico-aria", era el hitlerismo quien parecía hablar.

En el marco de un estudio serio, todo esto habría debido ser excluido y rectificado. El hecho es que podemos testimoniar personalmente que Mussolini era, sin duda, favorable a rectificaciones de este tipo. Antes incluso del giro racista del fascismo, nosotros mismos tuvimos ocasión de tomar posición contra el racismo biológico y cientifista de un lado, colectivizante y fanático de otro, tal como predominaba en Alemania, oponiéndose un "racismo" que, aunque teniendo a la vista el ideal que esta integralidad humana de la que hemos hablado, insistía sobre todo en lo que llamábamos la "raza interior" habría podido ser el punto de partida y de apoyo para la acción formadora que se deseaba. Y si se debía proponer un "tipo" como ideal y centro de esta cristalización, no había lugar en Italia para referirse al tipo nórdico-ario, copiando a los alemanes. La ciencia de los orígenes había establecido que, a partir de un tronco común originario ("indo-europeo", "ario"), se habían diferenciado en Europa, de un lado la rama helénica (sobre todo dórica, en Esparta), del otro la rama romana, en fin la rama germánica; algunos rasgos típicos sobre el plano del carácter, la ética, las costumbres, la visión de la vida y de la civilización, siendo comunes a estas tres ramas, atestiguan un origen único y lejano. Podría elegirse pues, para este centro de cristalización, el tipo "ario romano", con sus características; lo cual podía también constituir una integración adecuada de la audaz vocación "romana" del fascismo sobre el plano concreto quedando independiente del racismo "alemán". Estas ideas, al igual que otras, las expusimos en un libro SINTESIS DE LA DOCTRINA DE

LA RAZA[1]. Mussolini leyó la obra y, habiéndonos convocado, es significativo que aprobase las tesis de manera incondicional, hasta el punto de permitir que, apoyándose sobre ellas, tomáramos algunas iniciativas importantes que el desarrollo de los acontecimientos y algunas resistencias interiores, impidieron llevar a la práctica.

Concretamente, se trataba de constatar que una nación no es una "raza" y que en el interior de las naciones históricas existen diversas componentes y posibilidades. Un clima adecuado de tensión elevado pudo obrar el que, entre estas posibilidades, algunos tomen las superiores y actúen en favor de una diferenciación que pueda alcanzar progresivamente el nivel mismo del SOMA. Como caso particular, algunos han puesto de relieve la aparición de un tipo nuevo, comprendido también el plano físico, entre los miembros de los cuerpos especiales a los cuales se han confiado tareas particulares difíciles (hoy, por ejemplo, los paracaidistas y otros cuerpos del mismo tipo). Este orden de ideas no tiene evidentemente nada que ver con un racismo inferior, ni con un vulgar antisemitismo, pensamos que puede entrar también en el marco de la acción de un estado jerárquico y tradicional.

Los tres factores de los que hemos hablado, una vez reconocidos al igual que las exigencias correspondientes -sin olvidar decir que es arbitrario identificar de forma unilateral el racismo con el fanatismo antisemita-, no debemos pues considerar el lado racista (si decidimos emplear este término) del fascismo como una simple aberración, o una imitación o un "cuerpo extraño".

Podría también introducirse en este contexto una consideración general retrospectiva concerniente a la experiencia fascista en su globalidad. El valor intrínseco de una idea y de un

---

[1] *Síntesis de la Doctrina de la Raza y Orientaciones para una educación racial*, Omnia Veritas Ltd, www.omnia-veritas.com.

sistema debe ser juzgado en sí, haciendo abstracción de todo lo que entra en el mundo de la contingencia. Sobre el plano práctico e histórico, lo que decide, es sin embargo, la cualidad de los hombres que afirman y defienden esta idea y este sistema. Si esta cualidad es débil, esto no aportará ningún perjuicio al valor intrínseco de los principios y vice-versa: puede suceder que un sistema defectuoso y criticable sobre el plano teórico funcione de manera satisfactoria, al menos durante un cierto tiempo, cuando es llevado por un grupo de jefes cualificados. De aquí la importancia que revisten los valores de "raza", en sentido amplio, espiritual y caracterológico, y no simplemente biológico, del que hemos hablado anteriormente. Dicho esto es preciso preguntarse hasta que punto lo que el fascismo presenta de negativo o lo que existe tras la fachada ideológica del fascismo para revelarse luego en el momento de la prueba, no debe ser referido esencialmente a este factor: el factor humano. No tememos hundir la tesis de un cierto antifascismo, afirmando que no fue el fascismo quien actuó negativamente sobre el pueblo italiano, sobre la "raza italiana", sino lo contrario: fue este pueblo, esta "raza", los que actuaron negativamente sobre el fascismo, o más exactamente sobre el intento fascista, en la medida en que se demostraron incapaces de facilitar un número suficiente de hombres a la altura de ciertas exigencias y de ciertos símbolos, elementos sanos y capaces de promover el desarrollo de las potencialidades positivas que estaban contenidas en el sistema. Esta carencia debe ser contemplado también en función de hombres verdaderamente libres que hubieran podido actuar no fuera del fascismo y contra él, sino en el interior del mismo. Faltaban hombres sin miedo, hombres capaces de decir claramente a Mussolini lo que debía ser dicho, de hacerle conocer lo que era bueno que conociera, en lugar de ilusionarlo en el sentido de sus deseos (un caso particular es que se hiciera creer a Mussolini en las posibilidades industriales y militares efectivas de Italia para la entrada en guerra). Ciertamente, hombres de este temple, existieron durante el Ventennio, pero en número insuficiente. Se habría debido anteponer la vieja máxima romana, según la cual el verdadero jefe no tiene por ambición dirigir a esclavos sino tener junto a él a hombres libres que lo siguieran: y esto para rectificar las disposiciones interiores que casi fatalmente tienden a prevalecer a causa de la debilidad humana, en aquel que detenta el poder y que impulsan la mentalidad del cortesano. De una manera más general, ¿Qué pensar de los fundamentos sobre los cuales el fascismo reposaba en parte, del material que tenía a disposición, cuando se ha visto con que facilidad las masas populares delirantes se han fundido como nieve al sol. ¿Cuando el viento sopló?; ¿Qué pensar del número de antiguos fascistas que hoy no dudan en declarar que, durante el período precedente, actuaron de mala fe, actuaron por simple conformismo u oportunismo o bien con el espíritu obtuso? El proceso, creemos, sería preciso pues intentarlo para una buena parte de la "raza italiana" y llegaríamos a la conclusión poco reconfortante de que esta "raza" es refractaria a todo lo que se separa de su "tradición", la cual hace aparecer el fascismo como un sombrío paréntesis y la vuelta a la democracia y a todo lo demás (únicamente debido a la victoria del enemigo) como un "segundo Risorgimento", una ruptura completa con todo lo que podía entrar en el marco de los ideales políticos y estatales de una verdadera Derecha.

Como hemos visto, por nuestra crítica sobre el plano doctrinal, nos hemos referido esencialmente al fascismo del Ventennio. Del segundo fascismo, del fascismo republicano de Saló, creemos que no hay gran cosa a valorar sobre este plano, muchos factores contingentes influyeron sobre lo que este fascismo presentaba como un bosquejo de doctrina estática y político social, para no hablar del hecho de que un período de maduración estática y político social, para no hablar del hecho de que un período de maduración tranquila y serena faltó completamente. El valor del fascismo de saló, por el contrario, existe en su aspecto combatiente y legionario. Como algunos han observado con razón se dió el caso de que, por primera vez quizás en toda la historia de Italia, con el segundo fascismo una masa importante de italianos escogieron conscientemente la vía del combatiente sobre posiciones perdidas, la vía del sacrificio y de la impopularidad para obedecer a los principios de la fidelidad y del honor militar. En este sentido, el fascismo de saló nació de quienes resistieron la prueba -queremos subrayarlo claramente- desde el punto de vista moral y existencial, que es con el que la "raza italiana" dió en esta coyuntura un testimonio positivo, que es preciso además asociar a todo lo que el simple soldado italiano, en los regimientos regulares o en el seno de los batallones de Camisas Negras, supo dar sobre los campos de batalla.

CAPITULO XII

POLITICO EXTERIOR DEL FASCISMO

Algunas consideraciones finales deben ser consagradas a la idea fascista en la medida en que fue determinante en las alianzas y coaliciones de las fuerzas políticas mundiales.

Puede indicarse, en primer lugar, la contrapartida posible de los desarrollo de la política exterior italiana, que condujeron al reaproximamiento de Italia y Alemania, al Eje Berlín-Roma, al "Pacto Tripartito" a principios de la segunda guerra mundial. Sobre este punto igualmente, el juicio de varias personas que no son antifascistas por principio se resiente de una especie de complejo. No es, ni siquiera necesario ocultar que en Italia, las maniobras diplomáticas de alto nivel colocadas al margen, la aproximación a Alemania no fue muy popular. Esto se debió, en parte, a la ideología precedente que había terminado por influir la forma de pensar de varias capas de la nación. Una cierta "historia patriótica" de inspiración masónica y liberal, nacida con el Risorgimento, había pintado al alemán (confundido además con el austriaco) como una especie de enemigo secular del pueblo italiano (las mistificaciones de esta historiografía llegaron a atribuir -cosa absurda- un significado "nacional" a la revuelta de las Comunas contra el Sacro Imperio Romano y su representante, Federico I. Dado esto, es preciso también tener en cuenta todo lo que procedía de un rechazo de la "materia" italiana hacia la "forma" que el fascismo quería imprimirle.

Hemos hecho alusión a las afinidades reales que existieron, sobre el plano de la orientación de la vida y las virtudes típicas, entre Esparta y Roma antigua y los pueblos germánicas. Por el contrario, la diferencia es manifiesta entre lo que es romano y lo que "latino" y, en parte, italiano, sobre el plano del temperamento, del estilo y de la visión de la existencia. En la medida en que el fascismo recuperó el símbolo romano intentando asegurarle una acción formadora en los niveles político y ético, era natural que desembocase en una revisión del mito "latino" y del mito anti-alemán. Respecto al primero, Mussolini habla de "hermandades bastardas"; respecto al segundo, no pudo sino ver en las cualidades de disciplina, orden, aspecto militar, amor por la autoridad y seriedad representadas por los pueblos de Europa central (con una referencia particular al espíritu prusiano), las cualidades más próximas de lo que había caracterizado a la Roma antigua en su período originario y más brillante; mientras que estos venían a predominar en la sustancia de los pueblos latinos y, por eso, igualmente en el pueblo italiano, se habían alejado. Se trataba aquí de aspectos individualistas, indisciplinados, superficiales, pequeño-burgueses, con el telón de fondo de la Italia para turistas, de las mandolinas y los gondolieros, los museos y las ruinas, del *SOLEMMIO* y compañía, en perjuicio de la existencia de gentes simples y laboriosas, fieles a antiguas costumbres.

Así desde el punto de vista de los ideales, se podía hablar con propiedad de un conjunto de afinidades intrínsecas. "Romanizar y fascistizar" la nación (por todas partes en las que podía darse un sentido positivo a este último término), esto contribuía a dar, en cierto sentido, una impronta PRUSIANA. En cuanto a la orientación política, la historia italiana podía ofrecer, por lo demás, un precedente con el gibelinismo, del que Dante fue uno de los partidarios más activos y que tal como representante a una gran parte de la nobleza italiana. Es extraño, incluso, que durante el período del Eje, el fascismo no hubiera jamás hecho uso del mito gibelino; esto es debido quizás a la formación intelectual y a la extracción social de Mussolini y de todos los que estuvieron próximos a él.

De todas formas, estas consideraciones demuestran que las maniobras diplomáticas con Alemania hasta el Eje Berlín-Roma podían tener una contrapartida menos contingente, más profunda, de vocación, sobre el plano de los ideales. Pero al mismo tiempo se revela el sentido oculto que tuvieron, en una parte de la "raza italiana" e incluso en diferentes representantes del fascismo (caso típico: Galeazzo Ciano), el rechazo, la resistencia y la poca simpatía por una aproximación con Alemania. Pero no queremos forzar las cosas en un sentido único: en la perspectiva de esta aproximación, es preciso tener en cuenta también intereses comunes muy concretos, simpatía entre los dos "dictadores", afinidades entre los dos movimientos fascista y nacional-socialista, según sus aspectos populistas sobre los que ya hemos hecho constar nuestra opinión. Esto no resta nada al hecho de que lo que asombró particularmente a Mussolini, fue la continuación evidente, en la Alemania hitleriana, de la ética, de las tradiciones y la concepción del estado germano-prusiano.

Por el contrario, lo que venía directamente de la naturaleza doctrinal y de la visión de la vida afirmadas por el fascismo, era una imposición espontánea tanto al mundo de las democracias occidentales y del capitalismo (del que los EEUU son la expresión extrema) que al mundo comunista, a la Rusia Soviética. En consecuencia, el alineamiento militar de Italia en la Segunda Guerra Mundial, vino de la lógica misma de la ideológica fascista y de los valores que afirmaba. En teoría no hay nada que decir a este respecto.

Las consideraciones de otro género que podrían hacerse sobre la guerra nos alejarían de nuestro tema. Hemos ya indicado que es injustificable extraer de la salida de la guerra un juicio cualquiera sobre el valor intrínseco de la ideología que llegó a Italia a participar junto a Alemania y bajo el signo de la Alianza Tripartita. El problema a plantear, no solamente para Italia, sino también y sobre todo para Alemania sería más bien el siguiente: en qué medida se está comprometido con un perfecto conocimiento de posibilidades y con un cierto sentido del límite. Seguramente, no se rehace el mundo con "sies". Pero no puede contestarse más que tras el hundimiento del frente aliado occidental y con solo una Inglaterra que resistía a la desesperada, atenta a la invasión inminente, solo una minoría podía dudar que la partida no finalizaría en breve en un sentido favorable para Alemania y podía prever una espiral que Mussolini no debía ya estar en condiciones de dirigir y frenar cualquier forma.

No debe olvidarse que Mussolini había puesto sin embargo todo en marcha para evitar, en el último momento, el desencadenamiento de la guerra con una inciativa que no encontró ninguna buena voluntad, particularmente de parte francesa. No debe olvidarse tampoco que Mussolini había propuesto anteriormente la fórmula del "Pacto Cuatripartito" - acuerdo con Alemania, Inglaterra, Italia y Francia- fórmula que habría podido tener una importancia fundamental en Europa, pero que se entraba con el egoísmo, los prejuicios ideológicos y la estrechez de miras de los demás parteners.

Además, estimamos que si los dos frentes de la segunda guerra mundial aparecían claros ideológicamente, si se ven las cosas de manera global y abstracta, por el contrario es preciso subrayar las consecuencias funestas de la falta del sentido del límite, de un fanatismo y, en fin, de una megalomanía efectiva en Hitler. En realidad, la causa primera que provoca el conflicto, es la obsesión del mito del pueblo-raza, con la fórmula de la unidad de éste en un solo Reich y bajo un único führer (*"EIN VOLK, EIN REICH, EIN FUHRER"*). Si Alemania se hubiera contentado con remontar la pendiente para salir de la situación donde la había colocado el desastre de la primera guerra mundial, hasta convertirse en una gran potencia europea; si, en su ascensión y expansión, hubiera tenido un sentido del límite, si hubiera sabido detenerse, incluso sin perder de vista las oposiciones irreductibles y aun esperando eventualmente coyunturas favorables para tomar posiciones, caso por caso, contra las fuerzas Hitler veía oponerse a su proyecto nacional, por el contrario, consigue atraer a todas contra él, comprometido con él a Italia; si todo esto hubiera sucedido de otra forma el rostro de Europa no hay duda de que sería diferente.

Naturalmente nada como esto hubiera disgustado tanto a los diferentes elementos que anhelaban ardientemente -en Alemania y aún más en Italia- el desastre militar de sus países, eventualmente su ruina, por que así los regímenes odiados serían desmantelados. Y desgraciadamente, en las vicisitudes de la guerra italiana, no faltaron casos en que es difícil, aun hoy, decir hasta qué punto el sabotaje, por no decir la traición, se asociaba a la imprepación y a la incapacidad de ciertos altos mandos.

Pero las cosas deben presentarse bajo una panorámica diferente para quienes no son antifascistas por principio. Primeramente, no se podían excluir posibles desarrollos rectificadores que si la guerra hubiera sido ganada habrían podido producirse en ambos regímenes, hasta el punto de hacer prevalecer los aspectos positivos. Es sobre todo la aportación del espíritu de los combatientes, tras la primera guerra mundial, que reaccionaron contra el clima político y social que habían encontrado en sus países, dando así nacimiento a un movimiento renovador, igualmente es muy probable que otros elementos hubieran sido templados por la nueva guerra y luego su regreso provocasen una renovación de cuadros del régimen y la eliminación de ciertos aspectos negativos del sistema y de ciertas individualidades, permaneciendo las mismas ideas fundamentales.

Se sabe que existe una propaganda, organizada en proporciones sin precedentes para presentar, en relación sobre todo a Alemania, lo que ocurrió en el período precedente como un conjunto de desviaciones, abyecciones y horrores, estando, en primer lugar, naturalmente, la Gestapo y la Ovra, los campos de concentración y demás, todo repleto de exageraciones, de generalizaciones abusivas e incluso, en ocasiones de invenciones puras y simples útiles para el fin propuesto. No queremos afirmar que todo era perfecto ayer, que diferentes cosas no merecen una severa condena. Pero no hay evolución o guerra que no haya tenido su parte sombría y no se ve por que se debería solo reprochar al Tercer Reich lo que se calla gustosamente, de manera interesada, respecto, por ejemplo, a las guerras de religión, la revolución francesa o bolchevique y del régimen soviético. Además, el método consistente en atribuir a los adversarios todos los horrores y los crímenes ocultando o negando los propios es bien conocida y no ha sido nunca aplicada tan sistemáticamente y con tanta impudicia como durante y tras la segunda guerra mundial. Y recordando siempre lo que hemos dicho respecto a posibles rectificaciones y normalizaciones del sistema, hay lugar a decir que ningún precio habría sido bastante elevado si, tras una guerra ganada por algún prodigio (dada la enorme desproporción de fuerzas materiales que se produjo al final) se hubiera tenido los siguientes resultados: romper la espira dorsal de la URSS provocando probablemente por lo mismo, la crisis del comunismo (en lugar de la "sovietización" de todos los países europeos situados más allá del telón de acero" y la guerra fría actual entre el "Este" y el "Oeste", guerra que existe aún, quiérase o no); humillar a los EEUU y expulsarlos de la política europea (en lugar de una Europa occidental más o menos a la merced, para defenderse, de los EEUU y de sus presidentes); disminuir la potencia británica pero, asegurando a pesar del paso de algunas de sus colonias a otras manos, en una medida mucho menor de lo que le ha sucedido a la Inglaterra "victoriosa" que ha visto disolverse su Imperio (cosa que sucedió también a la Francia igualmente "victoriosa"); prevenir cuando aún era posible la instauración del comunismo en China gracias a la victoria del Japón y, en consecuencia, el nacimiento de un nuevo foco, potente y peligroso de subversión mundial en Asia; impedir la insurrección de los pueblos de color y el fin de la hegemonía europea, pues nunca bajo el "Nuevo Orden" que debía ser instaurado en el marco de las ideas defendidas por los pueblos del Eje, hubiera podido afirmarse la psicosis masoquista del anti-colonialismo y esta revolución no habría podido contar con apoyos de parte soviética. Cualquiera con sentimientos no obligatoriamente "fascistas", sino de Derecha, si permite a su imaginación asomarse sobre estas perspectivas y superar los prejuicios más extendidos, no puede dejar de hacer balance y medir de forma justa la distancia que separa esta situación aquí descrita, de la del mundo actual que se presenta ante sus ojos.

CAPITULO XIII

LO QUE ES PRECISO RETENER DEL FASCISMO

Tras estas consideraciones marginales, podemos concluir aquí nuestro estudio que, incluso siendo sumario, facilita quizás la base necesaria para un juicio crítico sobre las estructuras y el significado del fascismo desde un punto de vista superior al de una exaltación confusa y unilateral, o de un denigramiento sistemático. Lo esencial es hacer intervenir criterios que van más allá del horizontes restringido de estos dos puntos de vista.

En relación con esto, el momento ha llegado de hacer alusión el carácter singular de las "leyes excepcionales" que ha sido promulgadas en Italia contra el fascismo y la apología del fascismo y que están aún en vigor, aunque hayan sido algo revisadas.

Puede admitirse que una democracia se defienda con medidas legislativas, si se entiende por estas una forma política de enjuiciamiento, y no un sistema doctrinal dogmático y unívoco. Pues, en este segundo caso, las definiciones de la "democracia" son múltiples y contradictorias; quien quiera ir más allá se encontrará entonces ante una singular contradicción. Por paradójico que pueda parecer, la democrática "libertad de opinión" debería comportar el reconocimiento de la legitimidad de profesor e incluso de defender ideas antidemocráticas de signo opuesto (por lo demás, numerosos son los autores que han notado que hay pocos regímenes tan intolerantes y fanáticos como los que predican la "libertad").

Sobre el plano del método, lo que la democracia podría tener derecho a combatir sería solamente a quienes practicasen una conquista del poder por métodos violentos, persiguiendo como un delito, la reconstitución del partido fascista, no tendiera más que a esto, no habría nada que decir (no debe olvidarse que en Italia el fascismo llegó en definitiva al poder porque el soberano confió el gobierno a Mussolini y que en Alemania, el nazismo se abrió camino gracias a una mayoría parlamentaria y plebiscitaria).

Pero cuando la legislación en cuestión se propone, no solo reprimir ciertas manifestaciones exteriores (saludo fascista, camisa negra, himnos fascistas, etc.), sino también castigar como un crimen la "apología del fascismo", se presenta el absurdo jurídico consistente en fijar penas sin definir antes de manera rigurosa los términos del delito; en nuestro caso: sin definir rigurosamente, primeramente lo que debe entenderse por "fascismo". Sin embargo, este absurdo procede también de una imposibilidad práctica. En efecto, parecerá bien claro a los que nos han seguido hasta aquí que si se quiere condenar o golpear en bloque al fascismo se estaría igualmente obligado a condenar las ideas y los principios que no fueron propios del fascismo solamente sino que jugaron también un papel importante en sistemas precedentes. Así, se estaría obligado a decir que la mayor parte de los estados que la historia nos presenta desde tiempos antiguos eran, más o menos, "fascistas", ya que se apoyaban sobre un principio de autoridad y jerarquía y no admitían nada similar a la democracia absoluta, al liberalismo o al socialismo.

Para ser coherente, para no dar muestras de un espíritu falaz manifiesto, una legislación sería de autodefensa de la democracia debería proceder de otra forma: debería partir de la definición de un sistema general constitucionalmente inaceptable, del cual el fascismo (evidentemente, el fascismo bajo ciertos de sus aspectos) no es más que un caso particular. Un sistema que pudiera llamarse, si se quiere, "totalitario" en el sentido inferior que hemos precisado ya. La definición debería tener un carácter rigurosamente estructural y objetivo, sin etiquetas. Pero quien contempla una legislación sería establecida sobre tales bases debería golpear en primer lugar el comunismo y llegar a la disolución inmediata y a la prohibición del partido comunista en un Estado democrático.

El hecho de que en Italia se hayan promulgado leyes contra el fascismo sin una contrapartida precisa y una legislación aún más severa contra el comunismo y su propaganda (mientras que cada uno sabe todo lo que puede ser cargado al partido comunista en materia de organización activista y de entrenamiento de fuerzas de intervención, depósitos de armas, "células", financiación extranjeros, etc. y que exigiría medidas bien diferentes de las tomadas contra la temible "reconstrucción del partido fascista"), esto da muestras de una orientación política determinada y no de un pensamiento jurídico riguroso, pero por el espíritu de partido y que se está en presencia de una democracia víctima, en realidad, de las fuerzas de izquierda y del comunismo. Se sabe que una de estas tácticas consiste en emplear la democracia para enterrar más tarde a la democracia, aprovechando la infatuación de la necedad y la dejadez de los representantes de esta última.

Si este espíritu partidario, esta infatuación y esta idiotez no alcanzaran en la Italia actual el límite de una verdadera irresponsabilidad, sería natural reconocer la importancia de la aparición y organización de un movimiento nacional como antídoto de un mal ahora difuso y albergo en todas las estructuras del país. Dos sociólogos eminentes, Pareto y Mosca, han subrayado justamente que tras el advenimiento de una sociedad de masas, industrializada, con un gran desarrollo de los servicios públicos, el Estado moderno se encuentra peligrosamente paralizado en los medios de que disponía precedentemente para defender su autoridad. En caso de urgencia, a causa de la organización de las masas laborables, huelgas y sabotajes pueden bloquear, tras una consigna, toda la vida nacional. En caso de este género, la intervención de las fuerzas de policía y del ejército mismo podría no estar a la altura de las tareas necesarias. Dado el grado alcanzado por la gangrena comunista en Italia, es claro que sería preciso un movimiento nacional creado gradualmente en torno a una red capilar destinada a facilitar rápidamente elementos de intervención para afrontar por todas partes en caso de urgencia -en las fábricas, en los servicios públicos, en las oficinas, etc.- al bloque comunista. El objetivo sería ante todo defender al estado y la autoridad del estado (incluso cuando este sea un "Estado vacío"), y no negar lo uno y lo parece escapar a los dirigentes actuales de la Italia democrática -una clase política muy inferior a todas las precedentes- pues esta no conoce más que la psicosis del "fascismos" y no ha sabido fabricar más que "leyes excepcionales" con carácter superficial y unilateral.

Hemos dicho al principio que no se nos podía pedir el exponer en este libro una doctrina política de Derecha completa, este estudio crítico solo nos ha facilitado algunos puntos de referencia. Pensamos que esto se ha verificado en efecto. Pero el resultado será quizás desconcertante para numerosos lectores. Se deberá medir en efecto la distancia que separa una doctrina de derecha intransigente de todo lo que existe hoy sobre el plano de la realidad política y también como de lo que contemplamos a nivel ideológico. Fuera del movimiento nacional al cual hemos hecho alusión antes, que valdría sobre todo como fuerza de intervención para una defensa prácticamente física, había lugar a preguntarse que grupos o qué hombres tendrían hoy el valor de recuperar y defender los contenidos positivos que hemos seleccionado en el fascismo. Tanto los que no están sin relación con una importancia particular conferida a la idea monárquica y aristocrática, como a los que hemos formulado reparando lo negativo e integrado de manera adecuada exigencias aparecidas bajo el fascismo.

Tal como están hoy las cosas es permisible pensar que un estudio crítico como el que hemos desarrollado en las páginas precedentes no tiene más que un valor teórico. Su interés reside en el hecho siguiente: por lo que parece, no solo en Italia, sino también en el resto de Europa, una búsqueda de este género, desvinculada de las pasiones partidistas y de todo lo que significa contingencia, adherido a las ideas a menudo olvidadas de una tradición superior, no ha sido aun emprendido. En lo que concierne no a un simple testimonio, sino más bien a un enfoque político, las cosas no podrían presentarse de otra forma más que en la eventualidad siguiente, por otra parte deseable: a saber, que en lugar de un hundimiento definitivo obtenido por los medios que la legalidad democrática pone a disposición de las fuerzas de la subversión mundial, se llegue a una verdadera crisis. Una crisis frente a la cual, gracias a una reacción del organismo físico individual amenazado en sus últimas fuerzas vitales, la única alternativa nos aparecería estar ya prevista por Donoso Cortés y mencionada por nosotros mismos, entre las "negaciones absolutas y las afirmaciones soberanas". Pero hoy nada permite pronunciarse sobre todo esto y además toda intención práctica particular sale de lo que tienen por objeto de estudio el presente ensayo.

En conclusión del mismo, podemos indicar, para resumir, los rasgos más importantes del tipo de Estado y de Régimen que podría definirse hablando de un movimiento de carácter "fascista": un movimiento que superaría, en una dirección resueltamente orientada hacia la Derecha, las diversas dudas y confusiones precedentes corrientes de reconstrucción. En consecuencia, no bastaría tomar como punto de referencia lo que el fascismo italiano y los movimientos vecinos fueron en su realidad de hecho, en su simple "historicidad" no susceptible de repetirse. Lo que sobrevive del "fascismo", aquello que puede conservar su valor y actualidad, son sus potencialidades -así como un autor ha dicho justamente lo que "podía y debía ser", si algunas condiciones se hubieran realizado.

Una toma de posición precisa contra toda forma de democracia y de socialismo es la primera característica del Estado del que hablamos. Podrá fin a la infatuación estúpida, a la dejadez y a la hipocresía de todos los que no tienen hoy en la boca más que la palabra "democracia"; que proclaman la democracia, que exaltan la democracia. Esto no es más que un fenómeno regresivo y crepuscular.

El Estado verdadero será, luego, orientado también contra el capitalismo, como en contra del comunismo. En el centro de este Estado, habrá un principio de autoridad y un símbolo trascendente de soberanía. La necesidad de conferir un carisma a esta trascendencia reviste una importancia fundamental.

La monarquía no es incompatible con una "dictadura legal", según la expresión del derecho romano. El soberano puede confiar poderes excepcionales y unitarios a una persona de estatura y cualificación particulares, siempre sobre una base lealista, cuando sea preciso superar situaciones especiales afrontar tareas poco comunes.

Se puede aceptar la fórmula del "constitucionalismo autoritario". Implica la superación del fetichismo y de la mitología del "Estado Soberano de Derecho". El derecho no nace de la nada, dispuesto a servir y con caracteres eternamente inmutables y válidos. Hay una relación de fuerzas en el origen de todo derecho. Este poder que está en el origen de todo derecho puede intervenir suspendiendo y modificando las estructuras en vigor, cuando la situación lo exija; atestigua incluso que hay siempre en el organismo político una voluntad y una soberanía, que este organismo no está reducido a algo abstracto, mecánico e inanimado.

El estado es el elemento primario frente a la nación, al pueblo, a la "sociedad. Se define esencialmente -y con él todo lo que es propiamente orden y realidad política- sobre la base de una idea y no sobre factores naturalistas y contractuales.

No es el contrato, son las relaciones de fidelidad y de

obediencia de libre subordinación y de honor que sirven de fundamento al estado verdadero. Ignora la demagogia y el populismo.

Es orgánico y uno, sin ser sin embargo, totalitario. Las relaciones que acabamos de citar son las premisas necesarias para un buen margen de descentralización. La libertad y las autonomías parciales están en relación, en consecuencia, con la fidelidad y la responsabilidad, según una reciprocidad precisa. Cuando estas relaciones son rotas, el poder reunido en el centro, manifestando su propia naturaleza, intervendrá pues tan severamente y durante cuanto mayor sea la libertad concedida.

El Estado verdadero no conoce el sistema de la democracia parlamentaria y el régimen de los partidos. No puede admitir más que representaciones corporativas diferentes y articuladas en función de una Cámara de Base o Cámara Corporativa. Por encima, como instancia supra-ordenada garante de la preeminencia del principio político y de los fines superiores, ni materiales ni inmediatos, habrá una Cámara Alta.

Se debe pues reaccionar resueltamente contra el aberrante sistema del sufragio universal, ciegamente concedido a todos, comprendidas las mujeres. La fórmula "politizar a las masas" debe ser removida. La mayor parte de una nación sana no debe ocuparse de la política. El trinomio fascista "autoridad, orden, justicia" guarda para el estado verdadero, una validez indiscutible.

El partido político, órgano necesario para un movimiento en un período de transición y de lucha no debe dar nacimiento a un "partido único" cuando el poder ha sido conquistado y la estabilidad realizada. Por el contrario, habrá lugar para constituir algo parecido a una Orden participando de la dignidad y de la autoridad reunidas en el centro. esta Orden recuperará algunas funciones que la nobleza cuando era una clase política, ocupó en los precedentes regímenes tradicionales, en los puntos-clave del estado: ejército, diplomacia, con una ética más severa y un estilo de vida particulares, a modo de contrapartida. Este núcleo será también el guardián de la idea del estado y prevendrá el aislamiento "cesarista" de aquel que posee la autoridad suprema.

La esfera política, del poder, debe ser, por su naturaleza y función, libre de condicionamientos económicos, independiente de los grupos o intereses económicos. Se podría recordar oportunamente la frase de Sila, quien decía que su ambición no era la de poseer una vajilla de oro, sino tener el poder de disponer de quienes la poseían.

La reforma corporativa debe ir hasta la realidad concreta del mundo del trabajo y de la producción, es decir, en las empresas, para la reorganización orgánica y para la eliminación radical del clasismo, de la lucha de clases, también de la mentalidad "capitalista" y de la proletaria o marxista. El sindicalismo, principal instrumento de todas las subversiones de nuestro tiempo, verdadero cáncer del Estado democrático, no puede ser sino apartado. Al igual que según la concepción fascista, es el Estado quien jugará el papel de árbitro, de elemento moderador y que resolverá en caso de conflictos o enfrentamientos. La objetividad y el rigor de esta instancia superior, que será preciso concretizar en estructuras adecuadas, permitirán también abolir el instrumento de la huelga, cuyos abusos, empleo del chantaje con objetivos políticos, son ahora convertidos en cada vez más evidentes e insolubles.

La defensa del principio de una verdadera justicia comportará la denuncia de lo que hoy es esencialmente agitado bajo el nombre de "justicia social"; una justicia al servicio exclusivo de las capas más bajas de la sociedad, de las "clases trabajadoras" y en detrimento de las otras clases hasta el punto de que da nacimiento a una injusticia efectiva. El estado verdadero será jerárquico también y sobre todo por que sabrá reconocer y hacer respetar la jerarquía de los valores auténticos, dando primacía a los valores de carácter superior, ni material ni utilitario y admitiendo desigualdades o diferencias legítimas de posición social, de posibilidad, de dignidad. Apartará como aberrante la fórmula del Estado del Trabajo aunque este estado sea o no presentado como "nacional".

La condición vital del Estado verdadero es un clima bien determinado. Es el clima engendrado por una tensión tan alta como sea posible y no por una agitación forzada. Se deseará que cada uno en su puesto, encuentre satisfacción en una actividad conforme a su naturaleza profunda y a sus vocaciones; una actividad que será pues libre y deseada por sí misma antes de serlo por fines utilitarios y por el afán insensato de vivir encima de su condición. No se podrá pedir a todo el mundo seguir una "visión ascética y militar de la vida", pero se podrá buscar un clima de intensidad recogida, de vida personal, que hará preferir un margen de libertad mayor a un bienestar y a una PROSPERITY pagadas al precio de la limitación subsiguiente de esta libertad debida a los inevitables condicionamientos económicos y sociales. La autarquía, tal como la hemos descrito en este libro, es una fórmula fascista válida. La elección de una austeridad mesurada y viril lo es también, así como una disciplina interior a la cual se toma gusto y una orientación antiburguesa de la vida. Ninguna ingerencia más o menos pedagógica e impertinente de lo que es público en el dominio de la vida privada. Aquí también es preciso poner de relieve, al nivel de orientación general, los principios de la "gran moral" contra los de la "pequeña moral" conformista.

En sustancia, el clima del estado verdadero debe ser personalizante, animador y libre. Una fuerza interior debe producir una gravitación potencial de los individuos, grupos, unidades parciales y hombres de la Orden en torno al centro. Es una gravitación cuyo carácter "anagógico" e integral debería reconocerse: integralmente por el hecho nada paradójico de que la verdadera personalidad no se realiza más que allí donde actúan referencias a algo que supera a la persona. En definitiva, sobre este plano, "imponderables", casi como predestinaciones, entran en juego en el nacimiento y la vida del estado verdadero. Pues ninguna inicitativa pesada y directa puede crear y mantener el clima del que hemos hablado.

En el marco de tal estado y bajo el signo de la concepción de la vida que corresponde, un pueblo puede desarrollarse y encontrar calma, fuerza interior y estabilidad: una estabilidad que no quiere decir estancamiento o paro, sino equilibrio de un poder concentrado. A una llamada, este puede hacer levantar rápidamente a todos los miembros del Estado y puede volverlos capaces de un comportamiento irresistible y de un compromiso absoluto.

Una doctrina del Estado no puede por más que proponer valores para poner a prueba afinidades electivas y vocaciones dominantes o latentes de una nación. Si un pueblo no sabe o no quiere reconocer los valores que hemos llamado "tradicionales " y que definen una Derecha auténtica, merece ser abandonado a sí mismo. Se puede, como máximo, apelar a ilusiones y sugestiones debidas a una acción a menudo organizada de manera sistemática y a procesos regresivos, de los que ha sido o es víctima. Si incluso esto no da resultado sensible, este pueblo sufrirá el destino que se ha creado haciendo uso de su "libertad".

Notas sobre el Tercer Reich

INTRODUCCIÓN

En estas notas, el nacional-socialismo alemán será solo objeto de un examen muy sucinto. Primero, porque en lo referente a un juicio desde el punto de vista de la Derecha sobre ciertos aspectos del movimiento, deberíamos repetir lo que ya hemos dicho a propósito del fascismo en el ensayo precedente, ensayo en el que, entre otras cosas, hemos tenido ocasión de hacer referencia a orientaciones del tercer Reich y a ciertas de sus iniciativas. No nos detendremos pues más que sobre algunos elementos que hacen del tercer Reich algo diferente al fascismo.

Es preciso tener en cuenta, a continuación, el hecho de que en el caso del Tercer Reich el estudio de las fuerzas concretas intrínsecamente válidas y susceptibles de ser separadas de las contingencias es más difícil que en el caso del fascismo, y esto por varios motivos. En primer lugar, los elementos negativos que, hoy, son generalmente colocados en primer plano cuando se trata del "nazismo" -es decir, los campos de concentración, la persecución de los judíos, las responsabilidades en la segunda guerra mundial, etc.- deberían ser separados del resto. En segundo lugar, el papel central y aplastante que tuvo una individualidad, hasta el punto de que puede hablarse de un FUHRER-STAAT, es decir, de un "Estado del Führer", papel que ha relegado todo lo restante a un segundo plano para los ojos de numerosos observadores. En último lugar, en el caso del tercer Reich visto desde el extranjero, y también en la Alemania actual, todo el período que va desde el fin de la República de Weimar a la segunda guerra mundial está etiquetado, de manera expeditiva, bajo la palabra "nazismo", como si se tratara de algo perfectamente homogéneo y unitario. Los componentes particulares que contribuyeron al nacimiento y a la construcción del tercer Reich, con la persistencia, tras la estructura totalitaria, de tensiones y divergencias en momentos importantes, no son generalmente contempladas.

Es a este examen, antes que a cualquier otro, al que debemos proceder arremetiendo sobre aspectos poco conocidos, pero que tienen una importancia particular para los objetivos de este estudio. Y esto por que para tener una orientación general, es preciso también hacer referencia a los antecedentes, a la situación de conjunto, ideología y política, propia a la Alemania anterior al hitlerismo.

CAPÍTULO I

El concepto del "volk" y comunidad popular

Puede hacerse abstracción de las fuerzas políticas social-demócratas y liberales de la república de Weimar, fuerzas cuya inadecuación y fragilidad fueron cada vez más manifiestas, así como su incapacidad para salir del marasmo social, consecuencia fatal de la derrota alemana, del hundimiento del régimen precedente, de las cláusulas funestas del Tratado de Versalles y del paro creciente. Solo este clima había permitido al marxismo y, en parte, al comunismo, asentarse, en la postguerra, más firmemente en el pasado; se trataba, por lo demás, de un "fenómeno de coyuntura", que habría podido conocer desarrollos determinantes y alarmantes si no hubiese existido una intervención para cambiar el curso de las cosas sobre el plano concreto, social.

El hecho de que el partido de Hitler eligiera como denominación la de Partido Nacional Socialista Obrero Alemán (NSDAP) indica en que sentido se orientó la propaganda hitleriana; buscó atraer a las masas obreras alemanas arrancándolas del marxismo internacional, proponiéndoles una solución "nacional", "alemana", a sus problemas. Los autores que estiman que la reunión o síntesis (ya contemplada por Sorel) de lo "nacional" y lo "social" (o de lo "socialista") es, en general, la característica de los diferentes "fascismo" del período precedente, no se equivocan. Esta característica puede haber sido la fórmula gracias a la cual Hitler dispuso de un gran partido de masas como fuerza determinante. Pero es superfluo decir que reduciendo a esto todos estos movimientos se olvida los elementos que son desde nuestro punto de vista, lo más importantes. Y respecto a Alemania es necesario ser más precisos.

Es necesario, en efecto, ponerse de acuerdo sobre lo que Hitler entendía por "nacional". Puede decirse que en Alemania el nacionalismo democrático y de masas, de tipo moderno, no fue más que en una aparición furtiva. Precisamente fue Napoleón, un "revolucionario imperialista", quien provocó este fenómeno por contagio o contragolpe, pues durante las guerras de liberación contra el invasor francés, se despertaron entre los alemanes sentimientos propiamente nacionalistas, más allá de las estructuras lealistas, dinásticas y tradicionales, las cuales tenían como centro de gravedad el Estado, y no el "pueblo" o la "nación". Pero el "nacionalismo", tomando en este sentido con un su basamento democrático, no va más lejos que el fenómeno del fugaz parlamento de Frankfurt en 1848, en relación con los movimientos revolucionarios que, durante este período, sirvieron en toda Europa (un hecho significativo, es que el rey de Prusia Federico Guillermo IV rechazo la oferta, que le había hecho este parlamento, de ponerse a la cabeza de toda Alemania por que aceptándolo habría aceptado también el principio democrático - el poder conferido por una representación popular- renunciando así a su derecho legítimo, fue restringido solo a Prusia). Y Bismarck, creando el Segundo Reich, no exige del todo una "base nacional", sino que vió por el contrario en esta ideología el origen de peligrosos desórdenes para las monarquías europeas, mientras que los conservadores de la KREUZ-ZEITUNG percibían en el nacionalismo un fenómeno "naturalista" y regresivo, exterior a la más alta concepción y a la más alta tradición del Estado.

Pero es una corriente diferente, precedentemente confinada en grupos poco importantes, la que es necesario considerar. Debe precisarse el significado de la palabra "nacional" expresada por el término alemán VOLKISCH, tal como fue utilizado en estos medios. Se podría hablar aquí de un "nacionalismo étnico" en la medida en el que VOLK (de donde proceden VOLKISCH y VOKSTRUM) fue entendido como una especie de entidad determinada por una raza común y cuya identidad se mantendría a través de los siglos. Se podría remitir también a la concepción romántica de la nación, al concepto de VOLK formulado por el mismo Fichte en sus DISCURSOS A LA NACION ALEMANA, no sin relación con la lucha de liberación. Tras Fichte, Arendt, Jhan y Lange desarrollarán el mismo tema, un DUTSCHBUND (desde 1894) y un VOLKISCHE BEWEGUNG fueron creados, la idea de la nación-raza no estaba limitada a un "uso interno", sino que adquiría en ocasiones connotaciones pangermanistas. Se adoptaron en ocasiones tomas de posición antisemitas en nombre del VOLK. Aquí está en cierta forma, el origen del "racismo" alemán.

Sea como fuere, el término "nacional" no tuvo en Alemania el mismo sentido que en el resto de occidente; es en la connotación VOLKISCH donde es preciso ver el antecedente que tuvo una parte muy importante en el hitlerismo. Hitler habla siempre del VOLK, del pueblo-raza, que será la consigna de su III Reich, en el cual jugará además, un papel muy problemático.

Es así que la relación establecida por Hitler, entre "nacional" y "social" tuvo un carácter particular. Mientras que estigmatizada de un lado el marxismo como un movimiento antinacional mortífero para el VOLKSTRUM alemán, apela del otro a una especie de orgullo nacional-racial alemán y proclama un "socialismo nacional" que como indica la designación original del partido, tuvo primeramente en el punto de mira, esencialmente, a las masas y clases trabajadoras. Este fue pues el primer componente del nazismo. Por regla general, la condición de "desarraigo" y alienación del individuo y de las masas fue rodeada de esta especie de a lo místico.

Pero otros elementos, otros antecedentes, muy diferentes sobre el plano del espíritu y de los orígenes, deben ser considerados. Tras la primera guerra mundial la situación en Alemania era sensiblemente diferente de la de Italia. Como ya se ha dicho, Mussolini debió crear un partido de la nada, es decir que para combatir la subversión roja y poner en pie el Estado no podía referirse a ninguna tradición, en el sentido más elevado del término. Además lo que estaba amenazado, no era más que la prolongación de la pequeña Italia democrática y liberal del siglo XIX, con una herencia del Resurgimiento que se resentía de las ideologías de la Revolución Francesa, con una monarquía que reinaba pero no gobernaba y sin sólidas articulaciones sociales. En Alemania, no ocurría lo mismo. Incluso tras el hundimiento militar y la revolución de 1918, y a pesar del marasmo social, subsistieron aun estructuras profundamente arraigadas en el mundo jerárquico, en ocasiones todavía feudal, centrado sobre los valores del Estado y de su autoridad, que formaban parte de la tradición precedente, y del prusianismo en particular; esta tradición era la que hacía que a los ojos de las democracias occidentales los Imperios centrales apareciesen como un "insoportable residuo de oscurantismo". En efecto, las ideas de la Revolución Francesa no se implantaron nunca en profundidad en la Europa Central a diferencia de otros regímenes europeos.

Siempre tras 1918 y antes del advenimiento de Hitler, existieron en primer lugar intelectuales que, hablando de esta herencia tradicional, buscaron promover un movimiento a la vez de renovación y de restauración. Aquí también se pensaba en una revolución, no en el sentido progresista y subversivo, sino como una superación de lo negativo, de lo que estaba esclerotizado y de lo que, en el régimen precedente, había perdido en parte sus posibilidades vitales originales, para resentirse, por el contrario, del advenimiento de la nueva edad industrial. De ahí la fórmula empleada de "revolución conservadora". No se trataba de una simple regresión al pasado; lo que era preciso conservar, no eran ciertas formas históricas, sino lo que tuviera un valor imperecedero. Möeller van den Bruck (muerto hacia 1925), que fue uno de los principales representantes de esta corriente, escribía justamente que "ser conservador no quiere decir permanecer ligado a lo que ha sido, sino vivir y actuar hablando de lo que tiene un valor eterno". La orientación espiritualista prevalecía en estos medios. El énfasis era puesto sobre una revolución, ante todo espiritual.

El término "Tercer Reich" que debía ser recuperado por Hitler, fue precisamente forjado por Van den Bruck, y es también el título de su libro aparecido en 1923 (el título de otra de sus obras, publicado poco antes de su muerte, es DAS EWINGE REICH, es decir, el Reich eterno, y es posible que ciertos delirios "milenaristas" de Hitler no estuvieran sin relación con la lectura de este libro). En estos grupo se hablada también de una "Alemania Secreta" (GEHEIMES DEUTSCHLAND) que se mantenía a través de las contingencias históricas y que se trataba de evocar. El primer Reich había sido el Sacro Imperio Romano, el Segundo Imperio Alemán fue fundado por Bismarck en 1871 y continuó con Guillermo II, hasta la primera guerra mundial; el Tercer Reich habría debido nacer de la superación de todo lo que había tenido de inauténtico la época de Guillermo. La República de Weimar era considerada como un simple interregno y el terreno era virgen para una nueva creación política. Se trataría aquí de exigencias propias, sobre todo, de los medios intelectuales. Pero deben ser consideradas también como formando parte de los antecedentes del Tercer Reich.

Otra corriente presentaba por el contrario aspectos fuertemente existenciales y su origen debe ser buscado en lo que se llamó la "generación del frente". La Alemania de la inmediata postguerra conoció a un F.M. Remarque, autor del tristemente célebre libro derrotista Sin novedad en el frente, pero también un anti- Remarque, en relación con la profesión de fe de los combatientes que, en la guerra como EXPERIENCIA, no habían vivido algo que les "había destrozado incluso aunque las granadas les hubieran respetado" (estas son palabras de remarque), sino más bien una prueba que había provocado en los mejores un proceso de purificación y de liberación. Tal era la idea de un Thomas Mann, de un Fraz Schauweker, de un H. Fisher pero sobre todo de un Ernst Jünger, combatiente voluntario condecorado y herido en numerosas ocasiones, antes de que se convirtiera en escritor. Para Jünger, la Gran Guerra había sido destructora y nihilista, pero solo de todo lo que es retórica, "idealismo", grandes palabras hipócritas, concepción burguesa de la existencia. Para una cierta generación, la guerra, a la inversa, había sido el origen de un "realismo heroico", el crisol en el cual habían tomado forma, "en medio de tempestades de acero", un tipo humano nuevo que Jünger describía y al cual el porvenir, creía, le estaba prometido. En efecto, el desarrollo de ideas análogas en un marco que no estaba limitado a la guerra, sino que abrazaba toda la existencia, fue facilitado por Jünger en su libro DER ARBEITER, el cual tuvo una gran resonancia en Alemania antes del adversario de Hitler. Aunque en términos diferentes e insistiendo sobre la necesidad de llegar primero, por un "nihilismo positivo", al punto cero de todos los valores del mundo burgués, en el fondo la perspectiva última era, aquí también, la de un nuevo Reich rigurosamente organizado, cuya espina dorsal y su fuerza formadora hubieran sido un tipo humano nuevo.

Fuera de estas formulaciones teóricas, la "generación del frente no destrozada" había ya dado nacimiento a los FREIKORPS, a los cuerpos de voluntarios que, tras 1918, combatieron contra el bolchevismo en las regiones orientales y bálticas en las fronteras mal definidas (una de las tropas más famosas fue la brigada del comandante Ehrhart), sino también en el interior, contribuyendo así al aplastamiento de las tentativas de revolución comunista y "espartakista".

Sin embargo, sobre un plano ya más político, otras fuerzas tuvieron mucha más importancia, los antiguos combatientes de la Derecha nacional, reunidos en el STANHELM (el "caso de Acero") de Seldte y Düsterberg y el partido político de los "nacional alemanes" (DNVP) de Hugemberg. Con ellos se solidarizó naturalmente la fuerza principal tradicional y conservadora de la época, la REICHSWER, el ejército; ciertamente, formalmente era fiel al gobierno legal de la República de Weimar, pero, sobre un plano interno, no aceptaba al nuevo régimen, mantenía las ideas, los ideales y el ETHOS de la tradición precedente, que había formado el cuerpo de los oficiales. Fiel al espíritu del prusianismo, la REICHSWEHR no se consideraba pues como una simple fuerza militar a disposición de un régimen parlamentario burgués, sino, por el contrario, como la representación de una cierta visión de la vida y de una cierta idea política. Gracias a esta actitud, marcada por un sentido riguroso del honor y de la disciplina, la REICHSWHER debía mantener, en amplia medida estas características incluso a través de las sucesivas vicisitudes del III Reich.

El presidente de la República, el feld-marchal Paul von Hindemburg, era un representante de la REICHSWHER. Por otra parte, había entre esta y la nobleza era el HERREMKLUB de Berlín), en particular con los JUNKER, mientras que una buena parte de los diplomáticos de carrera, de la alta administración y de la gran industria tenían la misma orientación de derecha.

CAPÍTULO II

Nacional Socialismo y la Revolución Conservadora

Tal era el marco global presentado por la Alemania anti-marxista y no democrática antes de la aparición del partido nacional-socialista. Si, entre estas diferentes corrientes, hubiese existido un acuerdo y, sobre todo, si hubiera habido entre ellos, hombres poseedores de la talla de un jefe, a la altura de la situación una "revolución conservadora" habría sido posible tras el entierro de la República de Weimar y la liquidación de la social-democracia.

Pero las cosas tomaron otro giro. La acción directa de Hitler sobre las masas ganó cada vez más terreno y tras las elecciones de 1930, encuentra a su disposición un partido y una representación parlamentaria (107 escaños del Reichtang) que estaban obligados a tener en cuenta.

Fue entonces cuando se realizó una coyuntura que, en cierta medida, debía ser fatal. La conquista progresiva del poder por Hitler tuvo lugar en el marco de una perfecta legalidad, sin que fuera preciso no siquiera el equivalente a una marcha sobre Roma como en el fascismo. Las fuerzas de derecha que tenían aún sólidas posiciones, estimaron que la mejor solución era la de una coalición con la intención, sin embargo, de servirse de alguna manera del nacional-socialismo, el cual, a su vez, reconocía en la época no poder ir más lejos sin una entente con los nacional-alemanes y el Centro. Fue pues Hindemburg quien ofreció, a proposición de von Papen -también representante de la Derecha - la cancillería a Hitler, el mismo Papen sería nombrado vice-canciller. Hombres como Seldte, Düsterberg, von Neurath von

Schwrerin- Krosigk, von Blomberg y otros representantes de la derecha figuraron como ministros del Reich en el primer gabinete, se estimaba que era necesario mantener a Hitler en su lugar. Por otra parte, los desarrollos principales que debían precipitar la situación y dar nacimiento a un Reich nazi totalitario sobrevinieron cuando Hindenburg aún a la cabeza del Estado, es decir, con su adhesión y sanción, dió el visto bueno. El hecho es que la concentración nacional de las fuerzas, la eliminación de la subversión y del informe parlamentarismo democrático, parecían, a los hombres de derecha igualmente, tareas fundamentales; es por ello que dejaron libre el campo a Hitler.

El primer paso fue franqueado en febrero de 1933. Con ocasión del incendio del Reichtang (acontecimiento sobre el cual jamás se ha conocido toda la verdad, pero que, en la época, fue atribuido a un comunista), un "Derecho para la protección de la nación y del Estado" fue promulgado, decreto esencialmente dirigido contra los comunistas; comportaba también la suspensión de ciertos artículos de la Constitución. El decreto, firmado por Hindemburg tenía un carácter legal. La acción concreta contra los comunistas no tuvo este carácter, en la medida en que no fue realizada solo por la policía, sino también por las S.A. y las S.S. hitlerianas por propia iniciativa, lo que dio lugar a excesos. Pero si ahora debemos formular un juicio desde el punto de vista general de la Derecha, deberíamos decir que en todo Estado digno de este nombre medidas de este género se imponen en ciertas coyunturas. Es precisamente por que nada de este tipo fue hecho, para mayor gloria de la sacrosanta democracia, que en Italia, tras la segunda guerra mundial, el cáncer representado por el comunismo y sus compañeros de viaje ha tomado una amplitud alarmante y ha plantado sólidas raíces hasta el punto de que su extirpación aparece como poco probable sin una verdadera guerra civil. Puede notarse, por el contrario, que la República Federal Alemana, tras la guerra (la de Bonn), ha dado muestras de clarividencia y espíritu de decisión: desde el punto de vista de la democracia misma, de una democracia mejor comprendida, ha prohibido el partido comunista.

Tras la disolución del Reichtang, nuevas elecciones fueron fijadas y, desde la segunda sesión del parlamento, la aprobación del ERMACHTIGUNSGESETZ, de una ley que confería plenos poderes a Hitler y a su gobierno a costa de la "representación popular" en el sentido demo-liberal del término, fue pedida. La ley se probó con 441 votos favorables contra 94 en contra, y es preciso hacer constar que estaban presentes en el Reichtang, además de los diputados nacional-socialistas, los de diferentes partidos de centro y derecha; faltaron solo los comunistas y, de manera parcial, los socialistas, pero aun cuando estos hubieran Estado presentes habría existido siempre la mayoría requerida de dos tercios contra ellos, para aprobar la ley:

Gracias a esto, Hitler tuvo las manos libres para iniciar la realización de sus programas. Hindemburg seguía siendo Jefe del Estado, se asiste a la disolución de los diferentes partidos en el marco de la GLEICHSCHALTUNG, es decir, de un alineamiento general que habría debido significar la unificación. Finalmente, el 14 de Julio de 1933, un decreto puso fin completamente al régimen de los partidos, prohibiendo la pertenencia a cualquier partido que no fuera el nacional-socialista. El sistema de "partido único" concebido como la fuerza política portadora y organizadora del Reich era pues puesto en marcha.

Ya hemos expresado nuestra opinión sobre este sistema hablando del fascismo. En el caso de Alemania es preciso señalar, además, que el fin del parlamento y de los partidos no tuvo en contrapartida, como en Italia, la constitución de una Cámara Corporativa u otro organismo análogo. Solo las personas y las administraciones privadas representaban eventualmente otras orientaciones, la última instancia estaba siempre sin embargo encarnada por Hitler, sin que hubiera un verdadero órgano consultivo sobre el plano institucional. La idea según la cual el reichtang, en el porvenir, sería convertido en la expresión de varias corrientes en el interior del partido fue siempre incumplida.

En el Tercer Reich, ciertamente, existieron tensiones que a veces hicieron que su sinergia y su unidad parecieran milagrosas, pero quedaron limitadas a las altas esferas del partido. Fueron las existentes entre Göering y Goebels, entre Ribbentrop y Himmler, entre ley y algunos representantes de la gran industria, por ejemplo, por no hablar de la tensión entre la REICHSWEHR y las S.A., tensión suprimida en un primer tiempo de forma dramática y draconiana, como veremos más adelante.

En cuanto a la ley confiriendo los plenos poderes, quedó en vigor el fin en lugar de los cuatro años reclamados por Hitler para la "reconstrucción nacional". Incluso sin adherirnos al fetichismo del "Estado de Derecho" de inspiración liberal, se debe ver en esto un exceso; no puede perpetuarse y, en suma, no puede institucionalizarse lo que no puede ser legítimo más en situaciones particulares. Lazos éticos, necesariamente indeterminados y elásticos, de la responsabilidad directa de un lado (en la cumbre), de la confianza y de la fidelidad del otro, no pueden suplir a la legislación positiva que, incluso en un Estado autoritario de Derecha, debe ser contemplada a fin de prevenir el arbitrio "dictatorial". La presencia simultánea de una autoridad supra-ordenada, al menos la que encarnaba Hindemburg, parecía ser una condición indispensable.

Una iniciativa tomada por Hitler durante el período en que Hindemburg era aún jefe del Estado tuvo un carácter anti-tradicional: fue la GLEICHSCHALTUNG de los LANDER, es decir, de las diversas unidades regionales que correspondía, con su autonomía y su soberanía parciales a los diferentes reinos principados y ciudades libres de la federación que componían el Segundo Reich, estando Prusia en posición dominante. Una tras otra, estas autonomías fueron abolidas, los diferentes LANDER fueron integrados en el gobierno central bajo la forma de los GALE, circunscripciones a la cabeza de las cuales habían funcionarios del gobierno central del Reich y no representantes de las comunidades respectivas. Prusia fue la primera en sufrir esta suerte. Von Papen, representante de la derecha, se prestó desgraciadamente a esta maniobra. Incluso Hindemburg no encontró nada que decir a todo esto. Centralismo, pues, y nivelación. Una vez más, la coartada fue la necesidad de una organización total de todas las fuerzas en vistas del máximo de eficacia, y se la pone también de relieve el hecho de que Alemania era así, por primera vez en su historia una "nación" unificada (en el sentido del nacionalismo moderno). pero, desde nuestro punto de vista, el aspecto negativo de una iniciativa así, es claro, pues era el sistema precedente -una autoridad central supraordenada asociada a una articulación de unidades políticas menores gozando de cierta autonomía- el que tenía un carácter orgánico y cualitativo, tradicional en el sentido superior. Y, a este respecto, es precisamente Alemania quien había ofrecido, de todas las naciones europeas modernas, un ejemplo más típico.

Un episodio debe ser recordado aquí por que muestra el doble rostro del hitlerismo en este primer período: los acontecimientos del 30 de junio de 1934. Este día y precisamente durante la noche que fue llamada "de los cuchillos largos", un cierto número de personalidades fueron eliminadas gracias a los métodos expeditivos de las S.S. Entre ellos figuraban los elementos que no tenían la misma orientación política; además del ex-canciller von Schleichen, hombres de la derecha como von Bösse, von der Decken, von Alvensleben, un secretario de von Papen, Edgar Jung. Pero el significado dado a la operación fue el siguiente: entre las SA, las camisas pardas, cuyo jefe era Ernst Rohem, se había extendido la idea de una "segunda revolución" o de un segundo momento de la revolución; se denunciaba la supervivencia, en el seno del Reich de grupos "reaccionarios" que eran los de la derecha y una convivencia de Hitler con los "barones del ejército y de la industria". Era la RECHSWEHR, con sus altas jerarquías, sus relaciones con la aristocracia de los JUNKERS, a quienes se dirigían principalmente; se deseaban oponer a la REICHSWEHR, resto del antiguo régimen, para reemplazarla por un nuevo "ejército popular", un VOLKSHEER revolucionario en la pura línea nacional-socialista (como idea, algo próxima al ejército tal como se le concibe hoy en la China maoísta), y se quería suprimir al tipo "reaccionario" del oficial en beneficio del nuevo "soldado político" nacional-socialista. El 30 de junio de 1934 esencialmente lo que se contempló fue el aplastamiento de esta corriente radical del partido y de su presunto complot. Rohem, jefe de las SA y antiguo amigo íntimo de Hitler, así como Gregor Strasser, organizador de las Camisas Pardas de Berlín, perdieron la vida. es significativo que Hindemburg, no viendo evidentemente más que este aspecto de la acción draconiana de Hitler -acción favorable a la clase que representaba y que fue seguida por el desarme de las SA- no dudó en agradecer a Hitler mismo, su intervención "valiente contra los traidores" que habían intentado poner en peligro la unidad del Reich. Göering igualmente recibió un mensaje de Hindemburg, redactado en términos análogos.

Fue con la muerte de Hindemburg (2 de Agosto de 1934) que los acontecimientos se precipitaron y como se llegó al cambio institucional y a la instauración de un puro FUHRER-STAAT (Estado del Führer) totalitario. Hitler reclama para sí y reune en su persona los cargos de presidente del Reich (el que había asumido Hindemburg) y la carga que ya tenía de canciller, aún permaneciendo como jefe supremo del partido nacional-socialista. Pero aquí también la sanción democrática no falta. Un plebiscito nacional aprueba el cambio con una mayoría del 90% de los sufragios (mayoría que no puede ser explicada solo por la coacción -no pudo ser así por que el porcentaje no fue muy diferente en las regiones y ciudades aún bajo control extranjero - sino que fue debido, más bien, a un espectacular aparato de propaganda). Entre otros cargos, Hitler se convirtió igualmente en comandante en jefe de las fuerzas armadas y le fue consecuentemente prestado juramento de "obediencia incondicional", juramento que, teniendo todo el peso que le daba la tradición, debía representar luego una pesada hipoteca.

El Tercer Reich es pues presentado bajo la forma de una dictadura popular, el poder estaba en manos de un solo individuo privado de toda legitimidad superior, extrayendo solamente del VOLK y de su consenso el origen de su poder. Tal es la esencia del FUHRERPRINZIP. Con él, se habría querido volver a una tradición del tiempo de los germanos, estableciendo la relación entre el jefe y quienes la siguen mediante un lazo de fidelidad. Pero se olvidaba en primer lugar que este lazo no se establecía entonces más que en caso de necesidad o en vista de objetivos militares determinados y que, al igual que la dictadura del primer período romano, el Führer (DUX o HERETIGO) no tenía un carácter permanente; en segundo lugar, por que los "partisanos" eran los diferentes jefes de los linajes, no una masa, un VOLK; en tercer lugar, por que en la antigua constitución germánica, había, fuera del jefe excepcional que podía exigir una obediencia incondicional en ciertas circunstancias -fuera del DUX O HERETIGO- el REX poseedor de una dignidad superior en razón de su origen. Todo esto, lo hemos ya recordado hablando de la "Dyarquía", que se estableció bajo el fascismo en razón de la presencia de la monarquía, Dyarquía a la cual hemos atribuido un valor positivo. En cuanto a Hitler, alimentaba una aversión fundamental por la monarquía y, tal como hemos señalado, su problemática contra el Imperio de los Habsburgo fue, a menudo, de una vulgaridad inigualable. Para él, solo el VOLK, del cual había tomado la cabeza y del que estimaba ser el representante directo, sin intermediario, quien debía seguirle ciegamente, era el origen de su legitimidad. Ningún otro principio existía ni era tolerado por él. Se puede hablar en justicia de una dictadura populista considerada gracias al instrumento del partido único y del mito del Volk. No solo las antiguas tradiciones germánicas, sino también el concepto de Reich y, como veremos, el de raza fueron traducidos por Hitler sobre el plano de la masa, lo que provoca su degradación y deformación. Se adivinaron, sin embargo, en este marco, instrumentos de gran eficacia. Una de las razones del éxito de Hitler, es que supo dar un valor para las masas, para el VOLK, a ideas y símbolos pertenecientes a un patrimonio alemán superior y que conservaban, a pesar de todo una cierta fuerza en el inconsciente colectivo.

Bajo esta relación es evidente que no había gran cosa de

válido a recoger objetivamente, más allá de la contingencia histórica del tercer Reich. Todo gravitaba entorno a un hombre de capacidades excepcionales para captar, transportar, activar y fanatizar al pueblo; él mismo presentaba bajo más de un aspecto, los rasgos de un poseso, como si una fuerza superior actuara a través suyo concediéndole una lucidez y una lógica inhumanas en la acción, pero privándole también de todo sentido del límite. Son estos rasgos de carácter los que diferenciaban profundamente a Hitler de Mussolini, pues en este último los rasgos de una persona que mantenía el control de sí y una cierta distancia en la utilización de las situaciones se evidenciaba más claramente. Naturalmente, para un sistema que gravitaba en torno al Führer, como era el Tercer Reich, una estabilidad futura era inconcebible. Constitucionalmente, se habría podido tener solamente una especie de tribunado del pueblo. Pero en realidad, si no hubiese ocurrido el desastre militar, un vacío habría quedado tras la muerte de Hitler, existiendo la imposibilidad de hacer surgir a petición y en serie, hombres poseedores de las mismas cualidades individuales excepcionales, cualidades que, solas, le aseguraban el poder y hacían de él el centro de gravedad del sistema. El FUHRER-STAAT habría debido dar nacimiento necesariamente a un orden diferente. Tanto como Hitler vivió y tanto como la fortuna le asistió, su fuerza galvanizadora consiguió tener ligado el todo y dar lugar a marcas increíbles hasta última hora, hasta el borde del abismo; pero el total hundimiento ideológico de Alemania tras 1945 -no comparable al que siguió tras su derrota en la primera guerra mundial- cuando esta tensión faltó, prueba como la acción magnética de masa había penetrado poco, fuera de la contrapartida de los "mitos" y de la rigurosa organización totalitaria.

Fue a partir de este momento, tras la afirmación del FUHRER -STAAT después de la muerte de Hindemburg, que diferentes representante de la "revolución conservadora" reconocieron claramente la oposición existente entre ciertos de sus ideales y el Estado nuevo y vieron en esta una confusión o una profanación de los primeros, que marcaba una ruptura con la tradición precedente; entre ellos algunos abandonaron Alemania (tal como Hermann Rausching, antiguo presidente nazi del senado de Danzing, que atacó violentamente al Tercer Reich en 1936 en un libro publicado en el extranjero y titulado La revolución del nihilismo; otros permanecieron pero se refugiaron en el silencio o se ocuparon solo de literatura (tales como von Salomon), otros en fin, sufrieron persecuciones. Si hubo quienes -y en gran número- siguieron en la ciudadela, es por que tenían la esperanza de una rectificación progresiva y de una acentuación de todo lo que estaba más o menos ligado a sus ideas en el seno del tercer Reich.

En efecto, la tradición prusiana había tenido como propio el principio consistente en no actuar POR el pueblo, sino manteniéndolo a distancia: no A TRAVES del pueblo, siendo llevando por él tras haberlo politizado y fanatizado de forma adecuada, según el modelo típicamente jacobino. Este principio había sido también el fundamento de lo que se llamó el "socialismo prusiano", o también la "monarquía social" de los Hohenzollern. Con el FUHRER-STAAT, con la autoridad que, al menos en la ideología, venía de la masa o de la colectividad del VOLK, y con el tándem inarticulado VOLK- FUHRER, se encontraba en una orientación opuesta a la que había dado nacimiento a la misma Prusia y que había sido fundamental bajo el segundo Reich. En efecto, Prusia había sido creada por una dinastía teniendo como espina dorsal la nobleza, el ejército y la alta administración. No la "nación", no el VOLK como elemento primario, sino al contrario al Estado más que la tierra o un ETHNOS, representaba la base verdadera y el principio unificador. Nada de todo esto -al menos sobre el plano de la ideología política general- existió en el hitlerismo. El Estado fue concebido como una realidad secundaria, como un medio, siendo la fuerza formadora primaria, fuerza arrebatadora, el VOLK con su representante y su encarnación, el Führer. Es también por esto que algunos han podido revelar con razón una diferencia entre la doctrina nacional- socialista y la del fascismo italiano; pues esta, a pesar de la ausencia de un antecedente comparable, siguió de lejos a la tradición prusiana, pues acordaba -como hemos visto- la primacía al Estado y no a la "nación" y al "pueblo". Para algunos autores nazis, cuya pretensión no tenía parangón más que con su ignorancia de la misma historia de su país., este aspecto del fascismo habría sido un rasgo "romano", ajeno a la "naturaleza alemana". De donde, aquí también, derivará el ataque contra las estructuras estéticas supranacionales, tal como la que había representado el Imperio de los Habsburgo. EIN REICH, EIN VOLK, EIN FUHRER -un solo pueblo, unificado en un solo Reich, que sigue su Führer ésta fue la consigna fundamental de este sistema. Una consigna que, en su obstinación ciega para reagrupar a todos los alemanes habitantes fuera de las fronteras del Estado, debía llevar a la aventura cuya conclusión fue la catástrofe, tras el breve espejismo de la GROSS DEUTSCHLAND; una consigna, en fin, destinada a entrar en contradicción consigo misma, como cuando el Tercer Reich -en razón de un renacimiento más o menos pangermanista y hegemonista y de la teoría expansionista del "espacio vital"- reafirma su poder sobre los territorios situados más allá de los límites de este DETSCHIUM, de esta "germanidad" étnica en el interior de la cual, en teoría, habría debido existir.

Observando retrospectivamente este período, un escritor que había formado parte de la Brigada Ehrhardt, implicado luego en el asesinato de Rathenau, Ernst von Salomon, ha escrito: "Comprendimos que la primera tentativa seria y grande del movimiento nacional para provocar un giro en la situación alemana procediendo de lo alto, a partir del Estado -es decir, más o menos, en el sentido anhelado por los representantes de la "revolución conservadora", había fracasado a causa de este hombre, a causa de Adolf Hitler". Pero él y otros (Armin Mohler por ejemplo) reconocieron también que el fracaso fue debido, de hecho, a que no gustaba nada a los medios de la Derecha el emplear los métodos adoptados por Hitler para tener las masas de sus lado (estos métodos, por lo demás, jamás hubieran sido utilizados con habilidad por los medios de la "revolución conservadora"). Hacerse llevar por un movimiento de masas, que era preciso politizar y fanatizar por la propaganda abandonando todo escrúpulo, era lo contrario de su mentalidad anti-demagógica, esto les parecía como algo "muy sucio". De ahí su posición de inferioridad frente a Hitler que, por el contrario, había comprendido la situación ligada a la época. Ya lo hemos dicho: ante este Estado de cosas, los elementos guardianes de la tradición tuvieron la ilusión de poder manipular a Hitler (al igual que el rey de Italia creyó poder hacer la revolución nacional a través de Mussolini), pero, en cierta medida, fue lo contrario, lo que ocurrió.

CAPÍTULO III

Carácter populista del Tercer Reich

Pero si la tradición prusiana del Estado había sido abandonada, numerosos rasgos fundamentales del carácter y del estilo prusiano de la vida fueron recuperados y utilizados por el Tercer Reich: lo mismo que, cuando Prusia con el Segundo Reich, cesó de ser un reino independiente, se extendieron también a otras partes de Alemania. En consecuencia, si se quiere buscar la fórmula del éxito del Tercer Reich debe verse precisamente la relación entre estos dos elementos. El primero, fue la fanatización del VOLK, la masa, con el culto a su Führer, que alcanzaba en ocasiones grados próximos a la histeria. Puede recordarse, por ejemplo, como en el Día del partido en Nuremberg, Hess, lugarteniente del Führer, gritó de manera histérica: "¡Alemania es Hitler! ¡Hitler es Alemania!" siendo acogido por los gritos frenéticos de varios cientos de miles de personas, dando el aspecto de un verdadero fenómeno de posesión. Pero el segundo elemento, asociado a todo lo que una organización de las manifestaciones de masa de una grandeza sin igual favoreció, fue precisamente el patrimonio de ciertas disposiciones "prusianas" lo cual se buscó, a través de una acción paralela, a fin de mantenerlas vivientes en la colectividad y en las formaciones del partido; la REICHSWHER, por su parte, continuaba siendo la guardiana típica del espíritu prusiano y mantuvo una autonomía que se tradujo incluso en un cierto divorcio cuando Hitler, a decir verdad, con medios más bien turbios, reveló y reemplazó a los generales von Blomberg y von Fritsch de sus puestos de mando.

Fue a la acción convergente de estos dos factores que se debió el fermento unitario del Estado hitleriano, pudiendo alcanzar así records excepcionales. Es una vulgaridad pensar que todo esto no existió más que gracias a la represión. No era la represión lo que hace nacer el impulso para tantas realizaciones que, como las Olimpiadas de 1936 fueron ofrecidas a la sincera admiración de los extranjeros, ni las virtudes de toda la población y de la FFAA, virtudes tales que hicieron falta seis años de una guerra despiadada contra una coalición casi del mundo entero para batir militarmente al Tercer Reich y gracias a las cuales se mantuvo hasta el final sin un grito ni una revuelta, con recuperaciones milagrosas tras cada destrucción y en medio del horror. Es preciso citar también ejemplos, como los de la Juventud Hitleriana movilizada, no ciertamente bajo las pistolas de la Gestapo y que participó en la defensa desesperada de Berlín, dando caza a los gigantescos carros de combate soviéticos T-34; esta Juventud

Hitleriana consiguió batir en retirada a una unidad blindada americana en el bosque de Teutoburgo tras haberle infringido grave pérdidas, obteniendo por esta acción la Cruz de Hierro. Se podría naturalmente hablar de un fanatismo suscitado por métodos y fórmulas de un gran brujo; sin embargo, sin la contrapartida de un amor por la disciplina, del espíritu de entrega personal y eventualmente heroico, de la fidelidad - es decir de un factor esencialmente diferente, que es preciso referir a la segunda de las componentes antes consideradas- el conjunto no se explica. Naturalmente, existe también el punto de vista de quienes acusan a Hitler de haber abusado de las cualidades intrínsecas del alemán utilizándolas para llevarlos a una vía que desembocó en la ruina.

Pero estos aspectos salen del marco preciso en el interior del cual desearíamos mantener nuestras consideraciones. Nos interesa ahora estudiar brevemente y juzgar ciertos aspectos concretos del Tercer Reich y de sus instituciones.

En forma de asistencia social en beneficio de las clases inferiores, la Alemania hitleriana fue la vanguardia de todas las naciones, no teniendo a su lado más que a la Italia fascista. Esto encajaba directamente en la política de Hitler, deseoso de tener con él a la clase trabajadora, a la cual asegurará un máximo de bienestar, mientras que la utilización del insípido eslogan sobre la "nobleza del trabajo" le da una "conciencia" particular. Pero en ocasiones se superó el objetivo hasta el punto de adelantar la invasión de esta plebe presuntuosa, que disponía de los medios que, en nuestros días, prolifera como una verdadera peste en la "sociedad de consumo". Quienes habían visto las masas de VOLKSGENOSSEN (compañeros de raza, de VOLK) "arios" del Kdf (iniciales de "la fuerza por la alegría") y constatar la pretensión del trabajador berlinés "desproletarizado" y evolucionando no podía retener sino un escalofrío de horror ante la perspectiva de una Alemania que se hubiera desarrollado en este sentido.

Varias iniciativas nazis en favor de la solidaridad social y nacional tuvieron, a menudo, un carácter obligatorio, incluso si se quería hacer de ellas iniciativas espontáneas. De todas estas la más lamentable fue la institución del ARBETIDIENT, del servicio de trabajo, que una ley del 26 de junio de 1935 volvía obligatoria para todos los jóvenes de ambos sexos. Con la intención de consolidar la VOLKSGEMEINSCHAFT, es decir, la comunidad social, bajo el signo del VOLK (pero no sin un cierto sadismo jacobino) se hace del servicio de trabajo, voluntario primeramente, una obligación general; se obliga a no importa que joven de uno u otro sexo a hacer un trabajo manual durante un cierto período en compañía de otros jóvenes procedentes de las clases sociales más variadas -un hijo de la aristocracia podía así encontrarse obligado a vivir en común con un campesino o un proletario en una granja o en una fábrica. Naturalmente, el efecto de este instrumento "de educación político-nacional" fue a menudo opuesto al buscado. No es este el único terreno de invasión totalitaria de lo privado por lo público, invasión ya subrayada a propósito de ciertos aspectos del fascismo, con su concepción del "Estado ético" y pedagógico, la campaña demográfica, la obligación de emplear el "voi" (el "vosotros" en lugar de "ustedes") en la conversación. La presencia de un aspecto proletario en el nazismo es innegable, así como en la misma persona de Hitler, que no demuestra ninguno de los rasgos propios de un "señor". De un tipo aristocrático y "de raza". Este aspecto proletario e incluso vulgar del nacional- socialismo, se evidenció frecuentemente de forma particular en Austria tras el ANSCHLUSS y la fase de pretensión "nacional" inconsiderada de los austriacos por la "Gran Alemania".

La GLEICHSALTUNG, la integración niveladora en vistas de una unificación totalitaria tuvo también efectos negativos en algunos campos particulares; lleva, por ejemplo, a la disolución obligatoria de las corporaciones estudiantiles, las cuales con sus costumbres, sus tradiciones de honor, su espíritu de cuerpo (especialmente entre los KORPSTUDENTEN), habían sido uno de los lugares de la formación del carácter de una clase superior. Toda la juventud estudiantil, por el contrario, fue encuadrada en una sola organización controlada por el partido.

En lo que respecta al dominio económico, Hitler había afirmado desde hacía largo tiempo que los problemas políticos y los que se referían a la visión de la vida tenían preeminencia sobre los problemas económicos. Había declarado que "el Estado no tiene nada que hacer con una concepción económica y con un desarrollo dado de la economía", que "el Estado es un organismo del VOLK y no una organización económica". Había presentido muy pronto el peligro de que el sindicalismo podía convertirse en una fuerza política capaz de allanar la vía de la conquista del Estado al marxismo. "El sindicato nacional-socialista -había escrito- no es un instrumento de lucha de clases, sino un órgano de representación profesional". Tras la toma del poder, Hitler dió valientemente el paso decisivo. El 1° de mayo fue solemnemente transformado en "fiesta nacional del trabajo" (imitación de la iniciativa análoga tomada por el fascismo italiano) tras una manifestación que suscitó mucho entusiasmo; al día siguiente, todas las sedes de los sindicatos fueron ocupadas tras una acción sorpresa y numerosos dirigentes sindicalistas fueron arrestados preventivamente. Los sindicatos "libres" fueron disueltos y sus bienes confiscados por el Estado. Apoyándonos sobre lo que hemos dicho respecto a las instituciones fascistas podemos juzgar positivas, desde nuestro punto de vista, una medida de este tipo. Tras esto, se procedió en Alemania a la reorganización del trabajo y de la economía gracias a la reconstrucción "corporativa" de las empresas. No hablando de ello subrayando los defectos del corporativismo estático fascista. En consecuencia, recordaremos solamente que el espíritu de la reforma (la cual tenía por antecedentes la revalorización de las estructuras orgánico-corporativas medievales por diferentes representantes de la "revolución corporativa" como fundamento de una "tercera vía", más allá del capitalismo degenerado y del marxismo) era la superación del clasismo, y de la lucha de clases EN EL INTERIOR de cada empresa en la medida en que, en cada una de ellas, una solidaridad de intereses y deberes de todos los elementos debía entrar en vigor; se debía reafirmar igualmente el FUHRERPRINZIP, es decir, la relación entre un jefe (FUHRER, I jefe de empresa) y sus "seguidores" (los obreros y empleados), ligados por relaciones de fidelidad mutua. Para solventar eventuales desacuerdos y para todo lo que afectaba a los intereses nacionales, "delegados del trabajo", miembros del partido, fueron nombrados, la llamada a un "tribunal de honor" se contemplaba igualmente. Según los términos de la ley del 20 de enero de 1934, "en la empresa el empresario, en tanto que jefe (FUHRER) de la sociedad y los empleados y obreros a sus órdenes (GEFOLSGCHAFT) trabajarán concertadamente para alcanzar los objetivos de la empresa y para el bien común de la nación y del Estado". Por otra parte, las carencias de una gran empresa no eran considerados como un simple asunto privado; por el contrario, se veía incluso una especie de delito político. El reagrupamiento, en el seno del "frente del trabajo Alemán" de las diferentes empresas, en tanto que unidades autónomas, no era obligatorio en principio; no comportaba, de todas formas, una reglamentación supra-ordenada, como en el corporativismo fascista. Ya en el programa original del partido, uno de los objetivos designados había sido la BRECHUNG DER ZINKNECHTSCHFT, expresión que podría traducirse por la eliminación de la servidumbre ejercida por el capital con sus tasas de interés. En otros términos, si se respetaba al capitalista-empresario, cuya autoridad incluso se reforzaba sobre el plano moral y político, se atacaba al simple capitalismo financiero de "tipo judío", extraño al proceso de producción. Esta orientación, igualmente, puede ser puesta en el activo del nacional-socialismo.

Además, en el marco mismo de las nuevas leyes del tercer Reich, la economía privada pudo desarrollarse con una gran libertad. Los grandes complejos industriales subsistieron y el sentido de la solidaridad de los diferentes elementos, sentido que había caracterizado estos complejos en el pasado, más allá del marxismo y del sindicalismo, fue reforzado. No se procede ni a nacionalizaciones, ni a socializaciones, algunos artículos radicales del programa del partido (artículo 13 y 14) fueron eliminados. Aquí, el principio de la "integración niveladora" encontró límites saludables, hasta el punto de que algunos pudieron hablar de colisión entre Hitler y los "barones de la industria".

En realidad, se trataba de un frente nacional donde cada uno mantenía su puesto y tenía una libertad de empresa fecunda y responsable. Bajo el tercer Reich, este sistema dio prueba de una extrema eficacia y superó todas las pruebas hasta el final. En cuanto al paro, no solo desapareció rápidamente sino que se llegó al extremo en ocasiones, de carácter de fuerzas productivas suficientes en el marco de las tareas confiadas por el Estado para la realización de los planes de reconstrucción, desarrollo y grandeza nacional.

En lo que respecta a la política comercial, en cierta medida el tercer Reich siguió también el principio de autarquía para asegurarse un máximo de independencia económica. La norma de Schacht, hombre de derecha y prestigioso profesor de economía fue que "no debe comprarse en los países en donde las mercancías estén a mejor mercado, sino en aquellos donde pueden pagarse con un máximo de exportaciones".

Otro aspecto positivo del Tercer Reich se refiere a las medidas en favor del campesinado. Es preciso recordar a este respecto que el campesinado de Europa Central había conservado una cierta dignidad que lo volvía diferente del de los países meridionales. Se podía declarar con orgullo: "Pertenezco a una vieja familia de campesinos". Hitler siguió las ideas de Walter Darré, que se convirtió en ministro de agricultura del Reich, respecto a la fórmula "sangre y tierra". Se veía en el campesino fiel a su tierra la fuente de fuerzas más sanas de la sangre, de la raza, del VOLK; sobre esta cuestión Darré había escrito un libro donde, en referencia a las antiguas civilizaciones indo-europeas ("arias") había intentado el justificar esta idea (otra de sus obras, más tardía -aparecida en 1929- se titulada NOBLEZA DE SANGRE Y SUELO). Los antecedentes de esta corriente eran abundantes en Alemania. Puede recordarse las ideas "antimodernas" de S.H. Riehl, que había visto en el campesinado a la única capa social, junto a la nobleza, "no desarraigada". Se había forjado también la consigna "la tierra libera del dinero", que algunos grupos habían incluso intentado traducir bajo una forma utópica por la creación de colonias (SIEDELUNGEN). Por lo demás, esta situación lamentable había sido esquematizada de forma drástica desde fin de siglo pasado en la novela, muy conocida de W. von Polenz, DER BUTTNERBALER. Esta describía la tragedia de un viejo campesino cuyo fondo ancestral, en razón de las deudas que había sido obligado a contraer, había perdido su propiedad, vendiéndola a un prestamista (un judío se utilizaba una representación tradicional del judío) miembro de un grupo de especuladores que hizo construir una fábrica. A este espectáculo no puede asistir impasible el viejo campesino que termina suicidándose. Pero durante el período de la República de Weimar, en ciertas regiones, como en Schleswing-Holstein, se introdujeron movimientos de revuelta campesina, en razón de secuestros y requisas a los que no podían hacer frente al endeudamiento y a la presión fiscal.

Aunque el Tercer Reich no estaba en absoluto opuesto a la industria, se ocupó de prevenir enérgicamente el "desarraigo del campesino" (implícitamente su éxodo urbano), proteger la base natural de sus existencia, es decir, las tierras, no solo contra toda expropiación y especulación económica, sino también contra todo fraccionamiento y endeudamiento. El centro de esta política, fue el concepto de ETRBHOF, es decir, de una propiedad hereditaria inalienable, a transmitir a un solo heredero, al más cualificado (lo que a menudo correspondía ya a un uso secular): a conservar a través de generaciones "la herencia del linaje en las manos de campesinos libres". El Estado estaba dispuesto a ayudar cuando ciertas circunstancias amenazaban la existencia y la integridad de este ERBHOF. Expropiaciones y participaciones de las grandes propiedades no fueron emprendidas más que en raros casos típicos de mala gestión. Para numerosas grandes propiedades se observó, por el contrario, el principio conservador y fueron protegidos bajo ciertas condiciones. En efecto, la base tradicional de los JUNKERS era precisamente la propiedad de las haciendas sobre el telón de fondo de un mundo prácticamente feudal. El Tercer Reich extendía así, en cierta forma, el principio que había conducido a Federico el grande, en 1748, a promulgar leyes que prohibían, además del crecimiento del estado en detrimento de las haciendas de la nobleza, su alienación y comercialización, su recuperación en beneficio de la clase burguesa rica y especuladora. A penas es preciso decir que desde nuestro punto de vista, estas iniciativas del tercer Reich, marcadas por un espíritu sanamente antimoderno y en absoluto "totalitario", figuran entre las más positivas.

CAPÍTULO IV

Aspecto racial y cuestión judía

Debemos pasar ahora a un breve estudio de todo lo que se refiere en el Tercer Reich a la raza, a la visión del mundo y a la cuestión judía.

Ya hemos hecho alusión al fondo racial presentado por el concepto de VOLK, propio para engendrar una especie de "nacionalismo étnico" o "racial". El parágrafo 4 del programa original del partido nacional-socialista distinguía ya, sobre una base biológico-racial, al ciudadano propiamente dicho (REICHBURGER) del "dependiente del Estado" (STAATS-ANGEHORIGER) en los términos siguientes: "Debe ser considerado como ciudadano con plenos derechos solo quien es compañero de raza (VOLKSGENOSSE) y solo es tal quien es de sangre alemana al margen de su confesión religiosa". El concepto de "dependiente del Estado", por el contrario, no es más que jurídico; se refiere a todos los que están ligados por una simple pertenencia formal al Estado por el único hecho de que no son extranjeros. Hitler había juzgado escandaloso el hecho de que, durante tiempo, no se hubiera tenido en cuenta del todo el fundamento étnico-racial de la ciudadanía y que la adquisición de esta podía "llegar a la misma forma que la admisión en un círculo automovilístico"; bastaba, en suma, una "petición para que por decisión de un funcionario se hiciera lo que el mismo cielo no podría jamás realizar: una firma y un zulú o un mongol se convertirían en un alemán puro". El nacimiento en territorio alemán no podía facilitar más que la simple cualidad de "dependiente del Estado"; solo esto no debía dar derecho a asegurarle cargos públicos o ejercer una actividad política. Según los puntos de vista expuestos por Hitler en "Mein Kampf", para convertirse en "ciudadano", miembro verdadero del Reich, debería exigirse un elemento suplementario; debía reposar sobre la raza, la salud física y, luego, sobre una fidelidad solemne afirmada y probada a la volksgemeinschaft, a la "comunidad racial". Solo podía ser concedido un "certificado de ciudadanía" el cual era "como el lazo que une a todas las clases y salvo todos los abismos". Hitler llegó a afirmar que "ser un barrendero en este Reich sería un honor mayor que ser rey en un país extranjero". Esas palabras y otras del mismo género, atestiguan el espíritu completamente plebeyo del fundador del nacional-socialismo. Hitler ofrecía lo que era preciso para no importa que alemán no nacido de un cruce con sangre "no aria" levantara la cabeza. Además, el punto 6 del programa original del Partido Nazi decía: "El derecho de decidir la dirección del Estado no puede ser reconocido más que a los ciudadanos compañeros de raza. Pedimos, en consecuencia, que todas las funciones públicas en Reich, las provincias y los distritos sean ocupadas por ciudadanos del Reich".

Una vez conquistado el poder se inició la realización de este programa. Todos los funcionarios a los que no se podía aplicar la plena calificación de "compañeros de raza" (para lo que era necesario no tener entre sus antepasados hasta tres generaciones, sangre judía o de otra raza no aria) fueron retirados. La misma medida se aplicó luego a los funcionarios que, aun siendo "arios", hubieran contraído o lo contrajeron con una persona de raza no-aria. En caso de matrimonio consumado de un funcionario, oficial, etc. casado con una mujer no-aria antes de la promulgación de estas leyes, se daba la posibilidad de elegir entre el divorcio y la pérdida del empleo. En un primer tiempo, algunas excepciones fueron hechas para los combatientes o parientes de combatientes condecorados o caídos durante la primera guerra mundial. Otras excepciones pudieron ser tomadas en consideración por el Ministerio del Interior de acuerdo con un servicio especializado por funcionarios destacados en el extranjero para los cuales se seguía un criterio esencialmente discrecional y pragmático; en fin, ciertas excepciones eran dictadas por razón de Estado: afectaban a los que había adquirido grandes méritos a los ojos del Reich, a los que se otorgaba la curiosa cualificación de enhrenarier, "arios de honor", la cual, para ser coherente, hubiera debido tener como contrapartida la calificación enhrenjude, es decir, "judíos de honor, "levantino de honor", etc. que habría podido ser aplicado a los numerosos que aun, "arios" sobre el plano biológico, lo eran muy poco en cuanto al carácter, comportamiento o mentalidad.

Otras leyes extendieron medidas análogos más allá de la esfera política y estatal, hasta los dominios cultural, profesional y religioso incluso. Sobre este último punto, la "cláusula aria" hizo nacer conflictos tanto con los católicos como con los protestantes, porque en razón de esta cláusula los pastores y los demás religiosos de las dos iglesias que no tenían entre sus ancestros, hasta la tercera generación, sangre no-aria, no eran autorizados para ejercer sus funciones bajo el III Reich. Esto era, naturalmente, inaceptable desde el punto de vista católico que sostiene la igualdad esencial de todas las criaturas y del carácter supra-racial del sacerdocio establecido solo por un sacramento en el catolicismo. Solo los que se llamaron cristianos-alemanes en el campo protestante aceptaron la nueva situación, votaron también ciertas leyes y eligieron obispos dependientes de un Episcopado Central del Reich, los cuales debían prestar juramento al jefe del Estado, es decir, a Hitler. En la misma perspectiva, algunos habían llegado a anhelar la creación de una "Iglesia Nacional Alemana" (Rosenberg, Hauer, Bergman, etc.).

La idea racial influenció de tal forma el plano político que Hitler escribió: "El Estado no es un fin sino un medio. Es la condición necesaria para la formación de una civilización humana superior, sin ser, sin embargo, el principio que crea esta civilización. Este principio, o esta causa, es solo la presencia de una raza que sea apta para la civilización. Aun cuando se encuentre sobre la tierra centenares de Estados-modelo que no existieran siquiera en el caso en que desapareciera el hombre ario portador de civilización, una sola civilización a la altura espiritual de las naciones superiores de hoy... debemos distinguir con el máximo de precisión el Estado, que es el "continente", la raza que es el "contenido". Este continente tiene sentido solo si es capaz de contener y proteger al contenido; en el caso contrario, no lo tiene". El objetivo primordial del Estado es pues "la defensa de la raza". De ahí las "leyes para la Defensa de la Sangre y del Honor Alemanes", de un lado prohibiendo los casamientos e incluso las uniones mixtas, a menos de querer sufrir las consecuencias; se quería proteger la sustancia racial de todos los ciudadanos del Reich contra las mezclas suplementarias alteradoras de la raza; de otro, diferentes medidas eugenésicas fueron adoptadas para impedir, en el seno mismo de los alemanes, de los "arios", una descendencia hereditaria tarada.

Se ve claramente el papel que jugaron en todo esto el "mito" y la confusión de la noción de "raza" con la de "nación" (lo que contribuía, en el fondo, a democratizar y degradar la noción de raza); además, no se cuida en absoluto de definir en términos positivos, e igualmente espirituales, la noción de "arianidad". Implícitamente se deja a cada alemán el derecho de pensar que él mismo será este "ario" al cual se atribuye la creación y el origen de toda civilización superior. Esto incitaba naturalmente a una nefasta arrogancia más que nacionalista (totalmente ajena a la derecha tradicional) que tuvo ciertamente una incontestable eficacia para la movilización emocional de las masas alemanas, pero también tuvo consecuencias deletéreas, como por ejemplo la política seguida por la Alemania nazi en los territorios ocupados, sobre la que insistiremos más adelante. En realidad, cuando los autores racistas más serios, hablan de "ario", contemplan una amplia especie en la cual el "alemán" (o también el "germano") no podía figurar más que como un género particular. H.S. Chamberlain, tenido en alta estima por Rosenberg, principal ideólogo del nazismo, había relacionado el "ario" con el "conjunto céltico-germano-eslavo".

La noción de raza tenía pues, en la propaganda de la legislación nacional-socialista, un contenido indeterminado y subsistía una degradación colectivizante; pero, por lo demás, y menos oficialmente, otra orientación selectiva nació en el III Reich. El lector puede remitirse aquí a lo que ya hemos dicho estudiando el sentido, la finalidad y los aspectos aceptables del giro "racista" del fascismo italiano. El racismo, en general, era un simple expediente para reforzar la conciencia nacional -y a este respecto, tal como ya hemos apuntado, la actitud no era muy diferente de la que había tenido, por ejemplo, Inglaterra en su Imperio respecto a otras razas; pero dado que la doctrina moderna de la raza no estudia solo las grandes reparticiones antropológicas, sino también "razas" en tanto que articulaciones especiales en el interior de cada repartición y en el interior de la raza "blanca" o "aria" misma, es preciso reconocer que si se refería a estas razas, Alemania no se presentaba como la expresión de una sola raza pura y homogénea, en general, sino como una mezcla de varias "razas" (en el sentido más diferenciado que acabamos de indicar). Es por ello que se pasa, por así decirlo, a un racismo de segundo grado. El colectivismo del volk y de la volksgemeinschaft ario-alemana que era preciso delimitar, defender y utilizar de forma totalitaria a fuerza de gleichalstung, era superada gracias a la idea según la cual todos los componentes raciales del pueblo alemán no tenían el mismo valor que el elemento más cualificado, superior, el de la raza nórdica. Por otra parte, una acción destinada a favorecer en el III Reich a esta componente, a asegurarle posiciones dominantes, estaba prevista. Más allá del elemento biológico se tuvo en cuenta igualmente ciertos datos caracterológicos y una visión de la vida bien precisa y, por ello, fue forjado el término aufnordung, a saber "nordización" del pueblo alemán. Parecía necesario dar al pueblo alemán, para mejorarlo, una impronta esencialmente "nórdica". Si esta exigencia, en el seno del III Reich no tuvo nivel oficial propiamente dicho, un curso fue sin embargo mirada con simpatía en la cumbre y jugó un papel importante en ciertas organizaciones de las que hablaremos algo y en las SS en particular.

Sin embargo, el hombre de la calle alemán no carecía de

buenas razones para hacer precisiones irónicas en relación con este hecho: por que en materia de raza, Hitler o tenía nada del puro tipo "nórdico", al igual que sus máximos colaboradores como Goebels, Himmler mismo, Ley, Borman, etc. (en el mejor de los casos podían encajar Rosenberg, Heidrich, von Sirach). Además, Hindemburg y Bismarck eran físicamente de raza nórdica, pero de su variante "fálica", mientras que en Prusia el elemento nórdico estaba fuertemente mezclado con el elemento dinárico-eslavo. Era más bien en el cuerpo de oficiales, en la aristocracia y en algunos linajes campesinos de provincias, donde el elemento nórdico era bastante reconocible.

De todas formas, en cuanto a la apreciación de conjunto del racismo alemán desde nuestro punto de vista, el juicio es el siguiente: es preciso ver una aberración demagógica en la pretensión germano-aria que llevaba a pensar, como había afirmado Hitler, que ser "un barrendero del Reich debía ser considerado como un honor mayor que ser rey en un país extranjero". Esto no resta nada al hecho de que desde el punto de vista de la Derecha, una cierta conciencia racial equilibrada y una cierta dignidad de "raza" puedan ser juzgadas saludables, si se piensa el punto que hemos alcanzado hoy de exaltación de la negritud, con la psicosis anticolonialista y el fanatismo de la "integración": fenómenos paralelos a la decadencia de toda Europa y de Occidente. En segundo lugar, hemos reconocido ya, hablando del fascismo, que sería legítimo proponer el ideal de un nuevo tipo humano superior en el centro de un proceso global de cristalización, de rectificación y de formación de la sustancia de una nación: a condición de no dar demasiada importancia en esta idea, al aspecto biológico, sino insistiendo sobre todo en la "raza del espíritu". Inversamente, en el racismo nacional-socialista, fue precisamente el aspecto biológico el que ocupó una parte esencial. A causa de una deformación mental "cientificista" se creó la ilusión de que bastaba proceder a una profilaxis y erigir barreras contra los mestizajes, sin olvidar las medidas eugenésicas, a fin de que las virtudes desaparecidas volvieran y que el hombre creador de una civilización superior reapareciera automáticamente. Hoy existen pueblos tales como los noruegos, suecos u holandeses, que presentan un grado elevado de pureza racial, incluso "nórdica", pero que están más o menos apagados interiormente, espiritualmente bastardizados, privados de las virtudes que en otro tiempo les caracterizaron.

Un punto esencial, que no puede ser olvidado aquí sino que es imposible eludir es el del antijudaismo nacional-socialista y el juicio al que es preciso someterlo. Para Hitler el judío era el enemigo mortal de las razas arias y del pueblo alemán en particular; estimaba que el judío era portador de una fuerza que actuaba en un sentido destructor, subversivo, contaminador en el seno de las civilizaciones y de las sociedades, en el seno de las cuales buscaba asegurarse, además, poder e influencia. Debe reconocerse que el antisemitismo fue en Hitler como una idea fija, es imposible descubrir enteramente los orígenes de éste aspecto casi paranoico que tuvo dramáticas consecuencias. En sus escritos y discursos, Hitler atribuyó siempre al judío la causa de todos los males. Creía seriamente que el judío era el único obstáculo para la realización de una sociedad alemana ideal, e hizo de este tema un ingrediente esencial de su propaganda. Fuera del marxismo, para él, todo el bolchevismo era una creación y un instrumento del judaísmo, incluida también la "plutocracia capitalista" occidental y la masonería: temas que en la época actual se habría debido ya reconocer su carácter unilateral. Hay motivos para preguntarse si, mediante esta, "fijación" Hitler no fue víctima de una de las tácticas de lo que hemos llamado "guerra oculta", táctica consistente en hacer que toda la atención se concentre sobre un sector particular donde actúan las fuerzas a combatir, desviando así de otros sectores donde la acción de estas fuerzas pueda entonces proseguir tranquilamente. No queremos decir con esto que la cuestión judía no existiera; por el contrario, pronto hablaremos de ella. Pero tal como Hitler la profesó, teniendo como antecedentes posiciones propias que hacía largo tiempo sostenía lo que se llamó el "movimiento alemán", el antisemitismo tomó la forma de un fanatismo obsesivo; si hoy muchos cometen el error de confundir racismo y antisemitismo esto se ha debido esencialmente al hitlerismo.

La actitud de Hitler creó una especie de círculo vicioso diabólico. Sus ideas sobre los judíos y la lucha contra ellos fueron ya declaradas en el primer programa del partido. Esto no pudo concentrar contra Alemania otra cosa que a todo el judaísmo internacional -y tanto más cuanto el nazismo ganaba terreno- que, entre otras cosas controlaba buena parte de las grandes agencias de información. A su vez, esta polarización reforzó el feroz antisemitismo de Hitler, le facilitó los medios para una justificación y así sucesivamente. En Alemania, a parte de los medios ya señalados del "movimiento alemán", incluso si bien no existía una especial simpatía por los judíos y estos eran frecuentemente excluidos de puestos públicos y de diferentes organizaciones, el pueblo, en general, no alimentaba contra ellos un odio violento, contrariamente a lo que ocurría en Polonia y en la vieja Rusia (como se sabe en estos países se produjeron persecuciones masivas y crueles contra los judíos especialmente con los pogroms). En el III Reich nazi se redujo primero al boicot a los judíos, como si se tratara de un apartheid; el judío no era considerado como miembro de la volksgemeischaft, de la "comunidad étnico-nacional" alemana, sino solo como un ciudadano de raza no-aria, casi como un extranjero (para Hitler los judíos no eran alemanes de otra confesión religiosa, sino un pueblo aparte), se quería que vivieran separadamente, que tuvieran sus comercios, sus profesiones, sus escuelas, etc. y que se distanciaran de la sociedad aria, pues era preciso evitar que ejercieran actividades juzgadas parasitarias, materialistas, prevaricadoras y turbias. Se dejaba a los judíos que no se sentían atraídos por esta perspectiva, abandonar el Reich pero no podían llevarse todos los bienes que habían adquirido. Sin embargo, el hecho -cosa que generalmente se silencia- es que para la mayor parte de las naciones, eran elementos indeseables y que les era muy difícil obtener un visado de entrada; se conoce, por ejemplo, la tragedia de un mercante cargado de judíos alemanes que fue detenido en el límite de las aguas territoriales de los EE.UU.

hundiéndose finalmente y durante la guerra, la otra tragedia de cierto número de judíos refugiados en Hungría que habrían podido escapar a su destino funesto si tras las negociaciones favorecidas por el mismo mando de las SS, el gobierno británico no hubiera rechazado acogerlos en Egipto. En general, la solución global e ideal para la cuestión judía se veía así: liberarse dando a los judíos una tierra, incluso se habló de Madagascar. Se sabe, por otra parte, que el Estado de Israel, realizando el "sionismo" no ha resuelto del todo esta función y hay quienes plantean aun hoy la cuestión judía -aunque las persecuciones sufridas por los judíos los hayan convertido en "intocables"- estiman que los judíos más peligrosos no piensan del todo confinarse en el territorio palestino y abandonar sus posiciones en los países occidentales donde están arraigados y tienen las manos libres y muchas posibilidades.

En el III Reich, las verdaderas persecuciones comenzaron en las represalias que fueron organizadas tras el asesinato en 1938 de un diplomático alemán de la Embajada de París, von Rath, por un judío, atentado cometido con un fin propagandístico. Dejando aparte devastaciones y excesos, esto favoreció la ocasión para promulgar duras leyes anti-hebreas que tuvieron como efecto endurecer hasta el límite la campaña llevada en el extranjero contra el III Reich, añadiendo así a la espiral un círculo suplementario. Italia misma, la Italia fascista amiga de Alemania se encontró implicada parcialmente, porque, como hemos dicho, esta campaña fue una de las causas que movieron a Mussolini a tomar medidas de tipo antisemita, más moderadas. Pero la liquidación física de judíos debe referirse esencialmente al período de la guerra y a los territorio ocupados, pues se estima generalmente que no quedaban en Alemania, en el inicio de las hostilidades, más de 25.000. Y por las masacres conocidas en un segundo tiempo por la mayoría del pueblo alemán, ninguna justificación, ninguna excusa, es concebible.

La cuestión judía presenta un aspecto social y un aspecto cultural. Bajo el primer aspecto no aparece más que en un período relativamente reciente, tras al revolución francesa y la emancipación de los judíos: antes, se podía hablar de un antisemitismo religioso que no tenía nada que ver con el antisemitismo social y racial (para los racistas modernos, un judío converso al cristianismo sigue siendo judío y debe ser obligado a considerarse como tal). Es la razón por la cual, desde el punto de vista de la Derecha no puede hacerse referencia a la actitud de los Estados de antes de la revolución francesa, Estados en los cuales el lealismo se encontraba en primer plano y no el origen étnico. Prusia mismo fue bastante liberal respecto a los judíos; en Inglaterra, figuraron judíos entre los conservadores, y es un judío, Disraeli, quien construyó en parte el Imperio Británico. En el Imperio de los Habsburgo, igualmente, el judío aunque no se beneficiaba de simpatías, tuvo concretamente bastante libertad. La tesis del antisemitismo social y nacional es que el judío emancipado habría aprovechado el espacio libre que se le habría concedido para dominar en dichas sociedades el antisemitismo; tuvo lugar como reacción provocada por el hecho de que los judíos, estrechamente solidarios, habían conseguido asegurarse la dirección gracias a posiciones en la vida económica, profesional y cultural, según proporciones que no tenían ninguna medida comparativa con el porcentaje numérico del grupo judío en relación al conjunto de la población "aria" de las diferentes naciones. En Alemania, en ciudades como Berlín, Frankfurt, Breslau, la proporción de abogados y médicos judíos parece haber alcanzado el 50%; en la Universidad de Berlín, la proporción de profesores de Derecho era de 15 judíos por 29 no judíos; en Medicina, 118 por 147. Además, en Viena y Bucarest, por ejemplo, existía poco más o menos la misma situación, los judíos eran igualmente muy numerosos en el periodismo y en la edición. En fin, la presencia de numerosos judíos entre los dirigentes del marxismo y del comunismo alemán era incontestable. Por lo demás, Metternich había notado ya que los judíos ocupaban puestos de importancia y eran "revolucionarios de primer orden" como "escritores, filósofos, poetas, oradores, publicistas y banqueros", añadiendo que iban probablemente a preparar un "porvenir nefasto" para Alemania.

Desde el punto de vista del liberalismo democrático no hay nada que decir de todo esto y toda limitación del numerus clausus parecía absurdo e injusto. La aparición de la cuestión judía se refería y se refiere al punto de vista precisamente, de un "nacionalismo étnico" y a la suposición de que el judío es un elemento extraño a la comunidad nacional. Pero de una manera más general el problema se plantearía en la posición a tomar frente a la "integración" en el caso, no solo de los judíos, sino también de elementos heterogéneos, tales como el negro. Y entonces, objetivamente, hay motivos para preguntarse si puede suponerse que a una población que no tenga simpatía por una cierta raza en función de sus aspectos específicos, físicos y de carácter deba ser impuesta la promiscuidad por medio de la "integración", en "homenaje a la libertad democrática". Es lo que hoy deberían plantearse en los EE.UU.

Por las exigencias antisemitas contra la invasión judía de hecho puestas de lado al igual que las reacciones a menudo instintivas de la población, si se desea ser imparcial, además de las proporciones numéricas en los puestos claves ‑estimados como injustos y peligrosos‑, haría falta demostrar que el hecho de ser judío da una impronta particular, negativa, a la actividad; en ciertas profesiones, por ejemplo la medicina y las ciencias naturales, sería difícil de demostrar. Sin embargo, por regla general, en todas las épocas de judaísmo en tanto que manera de ser, comportamiento y forma particular del carácter, ha sido reconocido que tratar a alguien de judío jamás se ha considerado como una alabanza. A un nivel más elevado, el antisemitismo tiene a la vista influencias juzgadas negativas en los dominios cultural, ético y político (limitémonos a citar dos nombre, Karl Marx y Sigmund Freud) y es en este terreno, donde la polémica se desarrolla. Sería preciso entonces definir el judaísmo ante todo en términos generales y espirituales (lo que un judío genial Otto Weininger, había hecho precisamente) poniendo de relieve ciertos rasgos característicos que deberían ser los únicos en tenerse en cuenta a fin de indicar contra qué hay que defenderse y de lo que hay que alejarse. Una investigación de este tipo podría incluso intentarse; en otra obra hemos indicado ya los elementos de análisis (J. Evola, *Il mito della sangue*, 2ª Ed., Milano, 1942). Cuando un antisemita de tendencia conservadora del período wilhemiano, Adolf Stocker, afirma en el Reichtag que la cuestión judía era un "problema ético", indicaba en el fondo un punto de referencia bastante próximo para plantear la cuestión de manera justa. Por otra parte, un escritor muy apreciado en los medios "nacional-alemanes", Paul de Lagarde, había distinguido entre el judío fiel a su propia tradición, por el cual mantenía cierto respeto, del judío moderno secularizado. En realidad, cuando se hacía referencia a motivos éticos se apuntaba, únicamente, al judío moderno. Se le atribuía una visión materialista de la vida y una práctica análoga, la avidez por el dinero, la inclinación por una especulación sin escrúpulos (un sociólogo serio e ilustrado, liberado de las ideologías, como Werner Sombart, había ya estudiado las relaciones existentes entre el espíritu judío y el desarrollo del capitalismo moderno), el racionalismo y el "modernismo" bajo su aspecto corrosivo, antitradicional, la deshonestidad de una doble moral respecto a los no-judíos, en fin todo lo que podía derivar, incluso sin una intención consciente, de su condición de hombre "desarraigado" (en consecuencia, igualmente sus relaciones con un cosmopolitismo y un internacionalismo juzgados como mortales para el *volk* y sus valores), eventualmente la sed de poder (como "supercompensación" de su complejo de inferioridad creado en él por la condición impuesta durante siglos al "pueblo elegido"). De manera más general, el racismo nacional-socialista empleó continuamente en su batalla cultural *arteigen* y *artfremd*, es decir, conforme o ajeno a la naturaleza del *volk*. Pero a este respecto, una delimitación precisa y convincente, por otra parte difícil de realizar, falta; de hecho, toda una serie de aspectos de la civilización y de las culturas modernas son intrínsecamente negativas para todos valor y toda forma superiores. Es preciso igualmente recordar que si se puede encontrar la presencia de judíos en diferentes corrientes intelectuales, ideológicas y artísticas modernas que se resienten incontestablemente de una subversión y de una desnaturalización, nunca esta acción habría sido posible si el terreno no hubiera sido ya preparado desde mucho antes, no por judíos, sino por "arios", a menudo bajo formas irreversibles.

CAPÍTULO V

Revolución cultural y problema religioso

E s preciso reconocer al menos al nacional-socialismo el mérito de haber percibido la necesidad de una "lucha por la visión del mundo". Para Hitler mismo, la visión del mundo era un factor de primera necesidad, situado por encima de las ideologías y de las fórmulas del partido. La revolución debía ser entendida en el dominio de esta, a algo sólido y unitario. Naturalmente, el mito y la mística de la sangre jugaron un papel esencial en esta WELSTANCHAUNG. Existiendo esto pueden abordarse también problemas más amplios. En razón del empleo del término "ario" y de la importancia otorgada al elemento nórdico, lo que entraba en juego, era el estudio de lo que podía definirse de una manera más general y seria como la visión ario o nórdico-aria de la vida, en referencia a los planos ético, religioso y espiritual. En realidad, así solo se habría podido dar un contenido concreto y positivo a las simples consignas de la campaña racial y encontrar un apoyo fundamental para una acción formadora cuyo valor ya hemos reconocido hablando del fascismo, a condición de apartar los lastres del racismo puramente biológico y cientificista. Incluso si todo esto permaneció, bajo el Tercer Reich, en amplia medida en estado de mera exigencia, en tanto que "revolución cultural" tuvo el valor de plantear problemas en un terreno que quedó muy por encima de la Italia fascista (recuérdese, por ejemplo, lo que hemos señalado respecto a la ausencia de una clarificación y profundización del contenido del verdadero sentido de la romanidad en tanto que visión del mundo).

Para dar algunos rasgos, es preciso revelar inicialmente la

toma de posición del nacional-socialismo frente al problema religioso. El nacional-socialismo combatía todas las formas de ateísmo; el ateísmo y la concepción materialista de la vida eran dos aspectos del marxismo y del comunismo que se ponían claramente de relieve en la lucha contra estas ideologías subversivas; es por esto que numerosos cristianos y católicos vieron precisamente en el nacional-socialismo su aliado. En la fórmula misma del juramento de las S.S. se invoca a Dios, y Himmler tuvo ocasión de decir que "aquel que no cree en Dios es presuntuoso, megalómano y estúpido y no tiene lugar entre nosotros" (en las S.S.) Pero el giro del cristianismo debía legar. Se declaraba oficialmente: "El partido defiende el punto de vista de un cristianismo positivo". Pero lo que era respectivamente el cristianismo positivo y el negativo jamás fue aclarado a un nivel oficial. Entre otras cosas, se pedía en que medida el cristianismo podía decirse "ario" y se preguntaba en qué grado podía escapar a la polémica antisemita. Algunos investigadores procuraron dar una salida "arianizando el cristianismo mediante la exclusión del Antiguo testamento - juzgado como puramente judaico- y "purificado" el Nuevo Testamento de sus "escorias semitas" y de la teología del "judío" Pablo (mientras que se otorgaba al evangelio de Juan un carácter ario elevado). Naturalmente no se trataba más que de escapatorias y sofismas. No podían ser aceptadas por los cristianos, mientras que los ideólogos "nacionales" radicales (Rosenberg, Hauer, Reventlow y el grupo de los Ludendorf) veían un compromiso y afirmaban abiertamente la incompatibilidad del cristianismo con una visión de la vida auténticamente aria, nórdica o alemana, con una "fe germánica". A este respecto, hubo incluso el bosquejo de un "Movimiento de la Fe Alemana", la DEUTSCHE GLAUBENSBEGUNG.

En cuanto a Hitler mismo, se encuentran en sus discursos y escritos pocas contribuciones válidas a la problemática del mundo en un sentido superior. Su admiración exagerada por el wagnerianismo es ya significativa -para él, como para Chamberlain, Wagner era el "profeta del germanismo"- al igual que su incapacidad para reconocer de qué forma Wagner, aparte de la grandeza del arte romántico, había deformado numerosas tradiciones y sagas germánicas y nórdicas. Aunque Hitler hiciera frecuentemente apelación en sus escritos y discursos a Dios y al Providencia de la que estimaba ser enviado y ejecutor, no se ve muy bien lo que podía ser esta Providencia, ya que de un lado reconocía, siguiendo así a Darwin más que a Nietzsche, el derecho del más fuerte como la ley suprema de la vida, mientras que excluía de la otra, como superstición, toda intervención o todo orden sobrenatural y se entregaba a una exaltación de la ciencia moderna y de las "leyes modernas de la naturaleza". Esta actitud fue también la del principal ideólogo del movimiento, Alfred Rosenberg, el cual había llegado a ver en la ciencia moderna la "creación más pura del espíritu ario" sin advertir que si bien se debe a esta ciencia las conquistas técnicas, se le debe también las devastaciones espirituales más negativas e irreversibles de la época moderna, así como la desacralización del universo. Una incomprensión típicamente heredada del siglo de las luces y del racionalismo por la religión, marchando paradójicamente pareja con la mística de la sangre, se deja entrever en Hitler y en Rosenberg fue, precisamente, explícita. Para él los ritos y sacramentos no eran más que supersticiones, creaciones de un espíritu no-ario.

Puede comprenderse en consecuencia a qué nivel la lucha por la "visión del mundo" descendía tomando direcciones de este tipo. A este respecto, el límite principal fue el de un "naturalismo" que negaba toda verdadera trascendencia. Bastaba pensar que se condenaba como espíritu "no-ario", sino "levantino", la distinción entre alma y cuerpo, postulando el racionalismo y su unidad esencial e indivisible. Algunos extraerán la consecuencia lógica negando la inmortalidad verdadera, para concebir más que una "inmortalidad según la raza". Se ve aquí como las consignas de la propaganda racial restaban la posibilidad clara de todo examen serio de las tradiciones de civilizaciones "arias" (indo-europeas), pues en estas la trascendencia fue reconocida y sirvió a menudo de punto de referencia a virtudes étnicas a las cuales los ideólogos nacional-socialistas dieron un valor puramente humano y, en el fondo, naturalista (ver a este respecto las perspectivas sin luz del "heroísmo trágico"). Las ideas de Nietzsche menos interesantes, jugaron también cierto papel en estas confusiones; por ejemplo, lo que se refiere al perjuicio anti -ascético (cada vez que no se trate de una ascesis "inmanente", sino de una disciplina sobre sí -como si al margen de ésta no existiera más que una ascesis "masoquista" y mortificadora). Bastará señalar el absurdo que llega a formular un especialista, por lo demás indiscutiblemente cualificado como F.K. Ghunter, respecto al budismo: cuando los indo-europeos (los arios) conquistaron la India las condiciones del medio y sobre todo las condiciones climáticas, hicieron que sus energías originariamente volcadas hacia la afirmación de la vida, conocieran un cambio de polaridad y fueran empleadas para negar la vida "que es sufrimiento" por medio del ascesis.

El estudio de los orígenes y la vuelta a los orígenes habría podido ser en ciertos medios nacional-socialistas o próximos al movimiento, una exigencia positiva. Se trataba de los orígenes germánicos y nórdicos, pero la mentalidad y los prejuicios señalados antes fueron nuevos obstáculos para alcanzar este dominio, donde precedentemente, algunos apóstoles del germanismo se habían ya aventurado, con garantías de llegar a algo verdaderamente positivo. Haremos alusión a ciertas iniciativas cuando hablemos de las SS, pero en el marco del NSDAP no se fue mucho más lejos de la exhumación por carácter casi folclórico de ciertas viejas costumbres. Entre las manifestaciones de masas que frecuentemente presentaban un carácter espectacular y sugestivo, se celebró la ceremonia del fuego alumbrado ritualmente y el movimiento de una cruz gamada formada por grupos de hombres portando antorchas en el estadio de Berlín el día del solsticio de verano. Se exhumaron así viejos símbolos germánicos, las runas que sirvieron de símbolos a algunas organizaciones (empezando por las SS) pero en el terreno de los símbolos -terreno de relaciones estrechas con la visión tradicional del mundo- las incomprensiones de la dimensión de la trascendencia representaban un handicap insuperable. Por ejemplo, para las runas su viejo significado "mágico" fue completamente olvidado. Además, en este terreno, es decir, en lo que respecta a la justa comprensión y a la utilización de los símbolos de los orígenes es preciso preguntarse si, a partir de Hitler, se habría entendido el sentido del símbolo central del nacional-socialismo: la cruz gamada, la esvástica. Según las palabras de Hitler, este fue el símbolo de la "misión de combatir para la victoria del hombre ario, para el triunfo de la idea del trabajo creado (sic) el cual ha sido y será antisemita". En esta interpretación verdaderamente primitiva y profana, no se contempla en absoluto los orígenes arios, ni se entiende lo que la esvástica podría tener que ver con el "trabajo creador", jamás una interpretación así fue tenida en consideración por los antiguos arios. Baste añadir que este símbolo no figura solo en las regiones de cultura aria y, en segundo lugar, que un hecho no ha sido aclarado: la cruz gamada, en tanto que insigne del nacional- socialismo, era invertida; tenía un movimiento de rotación en el sentido opuesto al que era comúnmente empleado, con una significación polar y solar. Se podría excluir la hipótesis según la cual se sabía, adoptando esta opción, lo que había sido avanzado por algunos, es decir, que el movimiento invertido afecta a los contenidos del signo como símbolo de potencia, mientras que el movimiento en sentido normal estaría en relación con la "sapiencia". Nociones de este género están absolutamente ausentes en Hitler y en quienes estuvieron próximos a él en el momento en que la cruz gamada fue elegida como símbolo del partido.

Si el *Mein Kampf* fue la biblia política e ideológica del nacional-socialismo, la obra principal en lo que se refiere a la visión del mundo y a la interpretación de la historia fue, en el III Reich, El mito del siglo XX de Alfred Rosenberg. Es a él a quien se hizo referencia en más de un aspecto de cara al adoctrinamiento de las jóvenes generaciones. Este libro, en lo esencial, es una compilación a la cual se debe sin embargo reconocer ciertas cualidades de síntesis y algunas interpretaciones válidas; son

162 | P á g i n a s

utilizadas, entre otras, las investigaciones de Herman Wirth, sobre la pre-historia nórdico-atlántica y de Johan Jacob Bachofen sobre la morfología de las civilizaciones de la antigüedad. Pero, aunque se hiciera abstracción de las incomprensiones ya señaladas y de su anticatolicismo que se diría inspirado en el siglo de las luces, numerosos aspectos esbozados en el libro ofrecían armas al adversario. La situación no hacía más que empeorar a medida que, más allá de los horizontes de la alta antigüedad, Rosenberg se aproxima a los tiempos modernos, porque entonces la manipulación del conjunto en un sentido unilateralmente alemán y político se vuelve cada vez más precisa. Sea como fuere, El mito del siglo XX fue, bajo el III Reich la principal obra propuesta, aunque de manera no oficial, en el marco de la "lucha por la visión del mundo".

Las diversas reservas críticas que hemos debido hacer aquí no impiden reconocer que, en este dominio, algo se ponía en marcha en el seno del III Reich y que nuevos horizontes eran explorados valientemente; pero las diferentes corrientes adolecían de falta de puntos de referencia adecuados o bien prejuicios y desviaciones los bloqueaban de partida. Es imposible decir si se hubiera dado una situación diferente en el caso de que el III Reich hubiera conocido una existencia más amplia y calmada gracias a elementos más cualificados y no esclavos de consignas corrientes, sobre todo los que caían en el germano-racismo primario. En cuanto a la cuestión del "paganismo" utilizada como acusación dirigida contra algunas tendencias de este terreno, desde nuestro punto de vista sería necesario decir que, en principio, un cuestionamiento de ciertos aspectos de la visión cristiana y católica de los sagrado, de su visión de la vida y de la moral, son atacables pero no para descender de nivel y a este respecto, la contestación a la validez exclusiva del cristianismo habría debido tener como contrapartida el reconocimiento de los contenidos sagrados y trascendentales presentes en lo que es herencia no cristiana y pre-cristiana. De otra forma, había en esto un peligro: la visión no cristiana de la vida que se quería descubrir y recuperar era "pagana" pero en el sentido inferior que la apología cristiana había atribuido deliberadamente a todo lo que no era cristiano a fin de poder exaltar la nueva fe. Lo que en tal o cual medio era presentado como la "religión" o la "fe germánica" tenía, evidentemente, un fondo naturalista y panteísta que lo colocaba en un nivel espiritual muy bajo.

CAPÍTULO VI

El "estado de la orden" y las SS

Consideremos ágora algunas iniciativas del Tercer Reich que, desde nuestro punto de vista, no están desprovistos de interés y en las cuales influencias y exigencias ligadas parcialmente a las ideas de la "revolución conservadora" han tratado. Se trata de todo lo que estaba en relación con el concepto, o el ideal, de un Ordensstaat, es decir, de un Estado dirigido por una Orden (en oposición partícula a la fórmula del Estado-Partido) más allá de las fórmulas colectivizantes de la Volksgemeinschaft, de la colectividad nacional-racial y del "Estado del Führer" con base totalitaria, populista y dictatorial.

En cierta forma, se recuperaba así la tradición de los orígenes prusianos. Se sabe, en efecto, que el núcleo original de Prusia fue una Orden, la Orden de los Caballeros Teutónicos, que fueron llamados en 1226 por el duque polaco Conrad de Mazovia para defender las fronteras del Este. Los territorios conquistados y los dados en feudo formaron un Estado dirigido por esta Orden, protegida por la Santa Sede del que sin embargo sobre el plano de la disciplina y por el Sacro Imperio Romano. Este Estado comprendía Prusia, Brandeburgo y Pomerania; fue a parar a los Hohenzollern en 1415. En 1525, con la Reforma, el Estado de la Orden se «secularizó», emancipándose de Roma. Pero si el lazo propiamente confesional de la Orden se encuentra así atenuado, este no conserva menos su fundamento ético, ascético y guerrero. Así continúa la tradición, que da forma al Estado prusiano bajo sus aspectos más característicos. Paralelamente a la constitución de Prusia en reino, la Orden del Águila Negra fue creada en 1701, Orden ligada a la nobleza hereditaria, que recuperó como divisa la de los orígenes y del principios clásico de justicia: Suum cuique. No deja de tener interés señalar que, en la formación "prusiana" del carácter, especialmente por lo que respecta al cuerpo de oficiales, se refería explícitamente a una recuperación viril del estoicismo a través del dominio de uno mismo, la disciplina, la firmeza de alma y un estilo de vida sobrio e íntegro. Así, por ejemplo, en el Corpus Juris Militaris introducido en las Academias en el siglo XVIII se recomendaba al oficial el estudio de las obra de Séneca, Marco Aurelio, Cicerón y Epíctero; Marco Aurelio en particular fue una de las lecturas de Federico el Grande. Correlativamente, se alimentaba cierta antipatía por el intelectualismo y el mundo de las letras (se puede recordar a este respecto la actitud sarcástica y drástica de Federico-Guillermo I, el "Rey Soldado" que quería hacer de Berlin una «Esparta nórdica». El lealismo («libertad en la obediencia») y el principio del servicio y del honor caracterizaban a la clase política superior que dirigía el Estado prusiano, antiguamente "Estado de la Orden", y lo que le confería su forma y su fuerza.

Quizás es preciso indicar también la influencia que ejerció en algunos medios en un período más reciente y durante la República de Weimar, la Bundesgedanke, el pensamiento o el ideal Bund, implicaba forma organizativas. Bund quiere decir, en general, liga o asociación; pero, en este caso específico, la expresión había un contenido próximo al de Orden, y no estaba carente de relación con lo que había sido designado en ciertas investigaciones etnológicas y sociológicas, bajo el nombre de Männerbund, es decir, la «sociedad de hombres». Se penaba en una élite definida mediante una solidaridad exclusivamente viril, mediante una especie de autolegitimidad. En Alemania, antes mismo del desarrollo del nacional-socialismo, diferentes Bünde nacieron pues e, incluso cuando tenían modestos efectivos, con orientaciones diversas y un carácter casi siempre exclusivo; en los casos donde el dominio de sus intereses interfería con el dominio político, eran partidarios de un régimen elitista, opuesto a los regímenes de masas.

Estos precedentes eran recordados, es preciso saber que la idea que podía servir para corregir el hitlerismo, era que el Estado debía ser dirigido, antes que por un partido único, precisamente por algo parecido a una "Orden" y que, en consecuencia, el Tercer Reich, una de las tareas fundamentales era la creación de cuadros cualificados por medio de una formación sistemática de una élite, concebida como la encarnación típica de la idea de un nuevo Estado y de la visión del mundo correspondiente. Con esta diferencia parcial, en relación a la tradición precedente, que aquí se tomaba en consideración, además de las cualidades del carácter, cualidades físicas, el factor «raza» -con una referencia particular al tipo nórdico- era realzado. Las iniciativas tomadas en este sentido por el Tercer Reich fueron fundamentalmente dos.

La primera fue la constitución, mediante el partido, de tres Ordensburgen, de tres «castillos de la Orden». Se trataba de complejos con edificios cuya arquitectura quería inspirarse en el viejo estilo nórdico-germánico, con amplios terrenos anexos, bosques, prados, y lagos, donde los jóvenes eran acogidos, tras una selección previa. Se les daba una formación militar, física e intelectual, se les enseñaba una cierta «visión del mundo», una parte especial estaba considerada a todo lo que se tenía que ver con el valor y la resolución, con pruebas físicas bastante arriesgadas. Además, en los Castillos eran en ocasiones evocados procesos jurídicos con los aspirantes, o Junker, que tenían su desarrollo ante el público: se elegían procesos donde el honor y otros valores éticanos jugaban un papel para probar, mediante una serie de discusiones, la sensibilidad moral y las facultades naturales de juicio de los individuos. Rosenberg supervisaba los Ordensburgen; sus ideas servían de fundamento esencial para el adoctrinamiento, lo que, dadas las reservas que hemos hecho sobre ellas, introducía en el conjunto un factor problemático. Los jóvenes salidos de estas instituciones, donde llevaban una vida en «sociedad de hombres solos», aislados del resto del mundo, habrían asumido la posesión de un título particular y preferencial para asumir funciones políticas y obtener puestos de responsabilidad en el Tercer Reich o, más bien, en lo que el Tercer

Reich hubiera debido convertirse.

Pero las SS tuvieron muchas más importancia. A partir de la propaganda bien conocida en la posguerra, a penas se habla de las SS, la mayor parte de la gente piensa especialmente en la Gestapo, en los campos de concentración, en el papel que algunas unidades de las SS jugaron en las represalias durante la guerra. Todo esto es una simplificación bastante grosera y tendenciosa. No entraremos en este terreno aquí, ya que no tenemos porque ocuparnos de las contingencias. En ese caso como en otros, solo los principios nos interesan aquí, las ideas directrices que es preciso estudias independientemente de lo que algunas de sus aplicaciones pueden haber dado lugar. Es preciso pues aclarar algunos aspectos de las SS generalmente ignorados (o que se prefiere ignorar).

En el origen, las dos letras SS eran las iniciales de Saal-Schutz, designación de una especie de guardia personal que Hitler, durante el primer período de su actividad, tenía a disposición para su protección y para el servicio de orden en las reuniones políticas. Entonces no era más que un pequeño grupo. A continuación, las dos S se refirieron a Schutz-Staffeln (literalmente: «batallones de protección») y fueron estilizados con dos signos en zig-zag, los cuales reproducían un viejo signo nórdico-germánico, las «runas de la victoria» e, igualmente, la «fuerza-rayo». Se llega a la formación de un verdadero cuerpo, para la protección del Estado, a partir de ahora –el "Cuerpo Negro"- distinto de las Camisas Pardas, o SA. Hitler y Göering se sirvieron de este cuerpo en la represión del 30 de junio de 1934, que puso fin a las veleidades de una "segunda revolución" radical en el interior del partido. Por su papel en esta acción, las SS obtuvieron un estatuto y poderes particulares; fue considerada como la "guardia de la revolución nacional-socialista".

El verdadero organizador de las SS fue Heinrich Himmler, quien fue nombrado Reichsführer SS, es decir jefe de las SS para todo el Reich. Himmler era de origen bávaro y educación católica.

Mientras era estudiante de agronomía había formado parte en 1919 de los cuerpos de voluntarios que lucharon contra el comunismo. Tenía tendencia promonárquicas y conservadoras de Derechas que le había sido transmitidas por su padre, el cual había sido el preceptos lealista del príncipe heredero Enrique de Baviera. Pero el ideal de una Orden, ejercía sobre él una fascinación particular; su mirada estaba vuelta sobre los voluntarios de la antigua Orden de los Caballeros Teutónicos de la que ya hemos hablado. Las SS, hubieran debido ser un cuerpo capaz de asumir bajo una forma nueva la función misma de núcleo central del Estado, que la nobleza había tenido, con su lealismo. Para la formación del hombre de las SS, contempló una mezcla de espíritu espartano y de disciplina prusiana. Pero tuvo contemplo también la Orden de los Jesuitas (Hitler decía de él bromeando que Himmler era su "San Ignacio de Loyola") en lo que concernía a cierta despersonalización llevada hasta límites inhumanos. Así, se decía, por ejemplo desde el principio que aquel que quería formar parte de las SS debía estar dispuesto, si era necesario, por su fidelidad y su obediencia a no perdonar a ninguno de sus hermanos; o que para un SS las excusas no existían; solo la palabra dada era algo absoluto. Por citar un ejemplo, extraído de un discurso de Himmler, se podía pedir a un SS que se abstuviera de fumar; si no prometía hacerlo, era expulsado, pero si lo prometía y no cumplía, entonces "no le quedaba otra vía más que el revolver", es decir, el suicidio. Pruebas de valor físico eran previstas en los regimientos militarizados: por ejemplo deber permanecer en calma en posición de firmes, esperando la explosión de una granada colocada sobre el casto de acero que llevaba.

Existía otro aspecto particular: la cláusula racial. Fuera de la sangre «aria» (ascendencia aria probada hasta 1750 al menos) y una constitución física sana, se concedía gran importancia al tipo racial nórdico de gran talla. Himmler, además, habría querido hacer de la SS una Sippenorden, es decir, una Orden que, a diferencia de las antiguas órdenes de caballeros, había correspondido en el futuro a una raza, a una sangre, a un linaje hereditario (Sippe). En consecuencia, la libertad de elección conyugal del SS estaba muy limitada. No debía casarse con cualquier mujer (por no hablar de mujeres de otra raza). La aprobación de una oficina racial especializada era necesaria. Si no se aceptaba su juicio, había que abandonar la Orden, pero en el momento de la admisión (tras un período probatorio), esta cláusula estaba claramente precisada para el aspirante SS. Así se reafirmaba el biologismo racista, ligado a cierta banalización del ideal femenino que daba un relieve particular al aspecto "madre" de la mujer.

Mientras que Hitler alimentaba aversión por los descendientes de las viejas casas reales alemanas, Himmler tenía una debilidad por ellas y estimaba que las SS eran, en el Tercer Reich, el único cuerpo que podía convenir a los príncipes. De hecho, diferentes representantes de la nobleza formaron parte de ella. El príncipe Waldeck-Pyrmont se había enrolado en 1929; en 1933 se adhirieron los príncipes de Mecklenburg, Hohenzollern-Sigmaringen, Lippe-Biesterfeld, etc. El príncipe Philippe de Hesse era un amigo personal de Himmler desde hacía tiempo. La aproximación de esta importante organización del Tercer Reich con la nobleza alemana en los últimos años se expresó también en las relaciones cordiales mantenidas con el Herrenklub de Berlín (el «Club de los Señores») y en el hecho de que Himmler diera un discurso en la Deutsche Adelsgenossenschaft (la Corporación de la Nobleza Alemana). Las relaciones con el ejército fueron más reservadas, menos por divergencias de orientación que por razones de prestigio, cuando fueron creadas en las SS regimientos armados y militarizados y, en último lugar, verdaderas divisiones que debían adoptar el nombre de Waffen-SS. Fue, sin embargo. Paul Hausser, que había abandonado el ejército cuando era teniente coronel, para militar en las fiulas de la «revolución conservadora» y del Stahlhelm de Seldte, que reorganizó en 1935 la academia de las SS y supervisó luego la escuela de cadeter de las SS en «Welfenschloss» de Brunswick.

Al desarrollarse, las SS se ramificaron en múltiples secciones, algunas de las cuales, dado su carácter específico, dejaron sin duda en segundo plano los aspectos de "Orden". Podemos hacer abstracción aquí de las SS «con la calavera" que tuvieron funciones paralelas a las de la policía ordinaria y a la policía del Estado (por lo demás, un decreto de 17 de junio de 1936, nombró a Himmler jefe de la policía en el ministerio del interior); es a este sector de las SS a los que eventualmente se atribuyen algunos aspectos negativos del cuerpo, utilizados para presentar como abominables a todo el cuerpo. Señalaremos solamente la Verfügungstruppe SS, que era una fuerza armada «a disposición», dependiente directamente del jefe del Reich, en julio de 1940, da nacimiento a las Waffen-SS, es decir a unidades militares de élite cuya preparación elevada (dada la formación personal exigida al hombre de las SS) durante la Segunda Guerra Mundial debieron imponer al enemigo respeto y admiración. La sección Rusha (iniciales de Rasse und Siedlungshauptamt), que se ocupaba de cuestiones raciales y de colonización interior puede igualmente se dejada de lado. Son iniciativas de orden cultural de las SS las que pueden quizás presentar aquí un interés.

La realización del ideal de Himmler reconocía una especie de hándicap en el hecho de que una Orden en sentido propio debería tener igualmente un fundamento espiritual; pero, en este caso concreto, no podía haber ninguna referencia al cristianismo. En efecto, la orientación anticristiana, la idea de que el cristianismo era inaceptable en razón de todo lo que contenía de no-ario y de no «germánico», esta idea estaba muy presente en las SS y, a pesar de cierta tensión existente entre Himmler y Rosenberg, había entre los dos, sobre este tema, una indiscutible convergencia de puntos de vista. Estando excluidos el catolicismo y el cristianismo, el problema de la visión del mundo se detenía pues, en todo lo que no fuera más lejos de una disciplina severa y de la formación del carácter; los SS tuvieron también la ambición de ser una weltanschauuliche Stosstruppe, es decir, una fuerza de ruptura en el terreno de la Weltanschauung precisamente. Desde hacía tiempo en el seno de la SS, se había constituido la SD, o «Servicio de Seguridad» (Sicherheitsdienst), que habría debido tener también, en principio, actividades culturales y de control cultural (declaración de Himmler en 1937). Incluso si el SD se desarrollo luego en otras direcciones, comprendido el contra-espionaje, su Buró VII mantuvo un carácter cultural, y sabios y profesores serios formaron también parte del SD. Además, se podía devenir un SS «de oficio», ad honorem (Ehrendienst, servicio honorífico): esta posibilidad afectaba a las personalidades de la cultura que se estimaba que habían aportado una contribución válida en la dirección que hemos indicado antes. Podemos citar, por ejemplo, el profesor Franz Altheim, de la universidad de Halle, célebre historiador de la Antigüedad romana y el profesor O. Menghin, de la universidad de Viena, eminente especialista de la prehistoria. L'Ahnenerbe, instituto particular de las SS, tenía como tarea realizar investigaciones sobre la herencia de los orígenes, del terreno de los símbolos y de las tradiciones al dominio de la arqueología.

En efecto, la atención se había vuelto hacia lo que podía extraer de esta herencia en materia de visión del mundo y en este campo de investigación el exclusivismo nacionalistas de algunos medios fue descartado. Es así, por ejemplo, que Himmler subvencionó al holandés Hermann Wirth, autor de la Aurora de la Humanidad, gran obra sobre los orígenes nórdico-atlánticos, e invitó a pronunciar conferencia a un autor italiano [evidentemente, el autor habla de sí mismo] que realizaba investigaciones en este terreno igualmente y, en general, sobre el mundo de la Tradición, manteniéndose a distancia del catolicismo y del cristianismo, pero evitando las desviaciones ya señaladas por nosotros a propósito de Rosenberg y de otros autores.

Se desprende de todo esto que las SS presentaron un marco bastante diferente y más complejo de lo que se cree generalmente. Si estas iniciativas particulares permanecieron como proyectos, el hecho de que pudieran pensarse tiene un sentido. En principio, el idea de un "Estado de la Orden", en su oposición al Estado totalitario, dictatorial, de masa, y al Estado-partido, no puede ser juzgado más que positivamente desde el punto de vista de la derecha; ya hemos tenido ocasión de expresarnos a este respecto criticando la noción fascista del partido único. En el caso específico de Alemania, todo habría dependido de esto: en qué media habría podido llegar a una integración de los elementos de Derecha aun en su lugar, con una rectificación de los aspectos del Tercer Reich que eran para algunos representantes de la "revolución conservadora" y del espíritu prusiano, una contracción usurpadora de sus ideales.

La SS adquirió cada vez más importancia política, hasta el punto de que se pudo hablar de ella como de un "Estado dentro del Estado" o, más precisamente, del "Estado SS". En efecto, tuvo células en numerosos puestos clave del Reich en la administración, la diplomacia, etc. La concepción de un Estado de la Orden implicaba en efecto, que los hombres de la Orden fueron designados para estos puestos, tal como fue el caso para la nobleza en el pasado.

Finalmente, es preciso hacer una alusión a las Waffen SS. En el mes de julio de 1940, las formaciones de las SS que, en el origen y en tiempos de paz, habían sido concebidas como una «fuerza a disposición», dieron nacimiento a unidades militares y a divisiones blindas que, aún guardando cierta autonomía, lucharon al lado de la Wehrmacht. De estas Waffen-SS nació, hacia finales de la Segunda Guerra Mundial, lo que algunos llamaron "el primer ejército europeo". Himmler aprobó la idea, formulada primeramente por Paul Hausser y recuperada luego por Gottlob Berger, de constituir con voluntarios de todas las naciones de las divisiones de Waffen-SS para luchar contra Rusia comunista y para defender Europa y su civilización. Así fue recuperada, prácticamente la función que había tenido, en los orígenes la Orden de los Caballeros Teutónicos en tanto que guardia del Este, y que había animado a los Freikorps, los voluntarios que habían combatido a los bolcheviques en las regiones orientales y en los países bálticos tras la Primera Guerra Mundial. En total, más de 17 naciones estuvieron representadas en las Waffen-SS, con verdaderas divisiones: franceses, belgas, holandeses, escandinavos, belgas, holandeses, ucranianos, españoles e incluso suizos, etc. El conjunto contó con 800.000 combatientes, de los cuales solamente una parte procedían de la zona germánica, los voluntarios, a causa de esto, fueron frecuentemente, tratados como «colaboradores». Tras la guerra los supervivientes fueron a menudo perseguidos en sus naciones respectivas.

En un discurso pronunciado en Poznan el 4 de octubre de 1943, Himmler habló precisamente de las SS como de la Orden armada que, en el porvenir, tras la eliminación de la Unión Soviética, habría debido hacer guardia en Europa sobre los Urales contra las «hordas asiáticas». Lo importante, es que en esta situación un cierto cambio de perspectiva tuvo lugar. Se cesa de identificar la "arianidad" con el "germanismo". Se quería combatir no por un nacional-socialismo expansionista reposando sobre un racismo unilateral, ni por el pangermanismo, sino por una idea superior, por Europa y por un «Orden Nuevo» europeo. Esta orientación ganó terreno en las SS y se expresó en la declaración de Charlottenburg publicada por el Bureau Central de las SS hacia final de la guerra; este texto era una respuesta a la declaración de San Francisco hecha por los aliados sobre los objetivos de la guerra «cruzada de la democracia». En esta declaración de Charlottenburg, se trataba de la concepción del hombre y de la vida propia al Tercer Reich y, sobre todo, del concepto de Orden Nuevo, el cual no habría debido ser hegemónico, sino federalista y orgánico.

Es preciso recordar, por otra parte, que se debió a Himmler un intento de paz in extremis (considerado por Hitler como una traición). Por medio del conde Bernadotte, Himmler transmitió a los aliados occidentales una propuesta de paz por separado, a fin de continuar la guerra únicamente con la URSS y el comunismo. Se sabe que esta propuesta –que, si hubiera sido aceptada, habría podido asegurar a Europa otro destino, evitando así la « guerra fría » que seguiría y el paso al comunismo de la Europa situada tras el « telón de acero »- fue rechazada en nombre de un ciego radicalismo ideológico, al igual que había sido rechazada, por la misma razón, la oferta de paz hecha por Hitler a Inglaterra en términos razonables, durante un famoso discurso en 1940, en un momento en que los alemanes eran los vencedores.

Otros libros

OMNIA VERITAS

OMNIA VERITAS LTD PRESENTA:

JULIUS EVOLA

CABALGAR EL TIGRE

«Lo que se va a leer afecta al hombre que no pertenece interiormente a este mundo, y se siente de una raza diferente a la de la mayor parte de los hombres.»

El lugar natural de un hombre así, es el mundo de la Tradición

OMNIA VERITAS

OMNIA VERITAS LTD PRESENTA:

JULIUS EVOLA

SÍNTESIS DE LA DOCTRINA DE LA RAZA Y ORIENTACIONES PARA UNA EDUCACIÓN RACIAL

«El racismo se empeña en individualizar al tipo humano predominante en una determinada comunidad nacional...»

El muy neto sentido de las diferencias, de su dignidad y de su fuerza

OMNIA VERITAS

OMNIA VERITAS LTD PRESENTA:

JULIUS EVOLA

EL MISTERIO DEL GRIAL

«Las leyendas, los mitos, los cantos de gesta y las epopeyas del mundo tradicional...»

Comprender lo esencial del conjunto de las leyendas caballerescas

OMNIA VERITAS
OMNIA VERITAS LTD PRESENTA:
JULIUS EVOLA
ESCRITOS SOBRE EL JUDAÍSMO
«El antisemitismo es una temática que ha acompañado a casi todas las fases de la historia occidental...»
El problema judio tiene origenes antiquisimos

OMNIA VERITAS
OMNIA VERITAS LTD PRESENTA:
JULIUS EVOLA
METAFÍSICA DE LA GUERRA
Y
LA DOCTRINA ARIA
DE LA LUCHA Y DE VICTORIA
«La guerra, estableciendo y realizando la relatividad de la vida humana...»
Un conocimiento transfigurante de la vida en función de la muerte

OMNIA VERITAS
OMNIA VERITAS LTD PRESENTA:
JULIUS EVOLA
METAFÍSICA DEL SEXO
«Todo lo que en la experiencia del sexo y del amor comporta un cambio de nivel de la conciencia ordinaria...»
La investigación de los principios y de las significaciones últimas...

OMNIA VERITAS
OMNIA VERITAS LTD PRESENTA:
JULIUS EVOLA
REVUELTA CONTRA EL MUNDO MODERNO
«Por todas partes, en el mundo de la Tradición, este conocimiento ha estado siempre presente como un eje inquebrantable en torno al cual todo lo demás estaba jerárquicamente organizado.»
JULIUS EVOLA
REVUELTA CONTRA EL MUNDO MODERNO
Hay un orden físico y un orden metafísico

OMNIA VERITAS
OMNIA VERITAS LTD PRESENTA:
JULIUS EVOLA
IMPERIALISMO PAGANO
«La primera condición del imperio es una síntesis inescindible de espiritualidad y de politicidad, es la presencia efectiva de una jerarquía de valores...»
JULIUS EVOLA
IMPERIALISMO PAGANO
La cualidad de un alma que es señora se distancia de la materia del cuerpo...

OMNIA VERITAS
OMNIA VERITAS LTD PRESENTA:
JULIUS EVOLA
MEDITACIONES DE LAS CUMBRES
«La constatación de que vivimos en una época casi totalmente privada de puntos de vista y de principios auténticamente trascendentes...»
JULIUS EVOLA
MEDITACIONES DE LAS CUMBRES
Hablar de la espiritualidad de la montaña...

OMNIA VERITAS

OMNIA VERITAS LTD PRESENTA:

RENÉ GUÉNON
APERCEPCIONES SOBRE EL
ESOTERISMO ISLÁMICO
Y EL TAOÍSMO

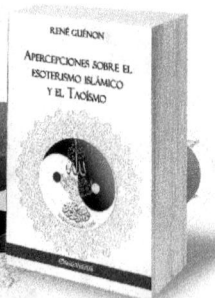

"En el islamismo, la tradición es
de doble esencia, religiosa y
metafísica"

RENÉ GUÉNON

APERCEPCIONES SOBRE EL
ESOTERISMO ISLÁMICO
Y EL TAOÍSMO

Se las compara frecuentemente a la "corteza" y al "núcleo" (el-qishr wa el-lobb)

OMNIA VERITAS

OMNIA VERITAS LTD PRESENTA:

RENÉ GUÉNON
APERCEPCIONES SOBRE EL
ESOTERISMO ISLÁMICO
Y EL TAOÍSMO

"En el islamismo, la tradición es
de doble esencia, religiosa y
metafísica"

RENÉ GUÉNON

APERCEPCIONES SOBRE EL
ESOTERISMO ISLÁMICO
Y EL TAOÍSMO

Se las compara frecuentemente a la "corteza" y al "núcleo" (el-qishr wa el-lobb)

OMNIA VERITAS

Omnia Veritas Ltd presenta:

RENÉ GUÉNON

APERCEPCIONES
SOBRE LA INICIACIÓN

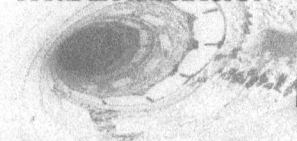

«A menudo nos concentramos
en los errores y confusiones que
se hacen sobre la iniciación...»

RENÉ GUÉNON

APERCEPCIONES
SOBRE LA INICIACIÓN

Somos conscientes del grado de degeneración al que ha llegado el Occidente moderno ...

OMNIAVERITAS

OMNIA VERITAS LTD PRESENTA:

RENÉ GUÉNON
APRECIACIONES SOBRE
EL ESOTERISMO CRISTIANO

« Este cambio convirtió al cristianismo en una religión en el verdadero sentido de la palabra y una forma tradicional ... »

Las verdades esotéricas estaban fuera del alcance del mayor número...

OMNIAVERITAS

Omnia Veritas Ltd presenta:

RENÉ GUÉNON
AUTORIDAD ESPIRITUAL
Y PODER TEMPORAL

"La distinción de las castas constituye, en la especie humana, una verdadera clasificación natural a la cual debe corresponder la repartición de las funciones sociales."

La igualdad no existe en realidad en ninguna parte

OMNIAVERITAS

Omnia Veritas Ltd presenta:

RENÉ GUÉNON
EL ERROR ESPIRITISTA

En nuestra época hay muchas otras "contraverdades" que es bueno combatir...

Entre todas las doctrinas "neoespiritualistas", el espiritismo es ciertamente la más extendida

OMNIA VERITAS

Omnia Veritas Ltd presenta:

RENÉ GUÉNON

EL ESOTERISMO DE DANTE

« Dante indica de una manera muy explícita que hay en su obra un sentido oculto, propiamente doctrinal, del que el sentido exterior y aparente no es más que un velo »

... y que debe ser buscado por aquellos que son capaces de penetrarle

OMNIA VERITAS

Omnia Veritas Ltd presenta:

RENÉ GUÉNON

EL HOMBRE Y SU DEVENIR SEGÚN EL VÊDÂNTA

"Cuando consideramos lo que es la filosofía en los tiempos modernos, no podemos impedirnos pensar que su ausencia en una civilización no tiene nada de particularmente lamentable."

El Vêdânta no es ni una filosofía, ni una religión

OMNIA VERITAS

OMNIA VERITAS LTD PRESENTA:

RENÉ GUÉNON

EL REINO DE LA CANTIDAD Y LOS SIGNOS DE LOS TIEMPOS

« Porque todo lo que existe de alguna manera, incluso el error, necesariamente tiene su razón de ser »

... y el desorden en sí mismo debe encontrar su lugar entre los elementos del orden universal

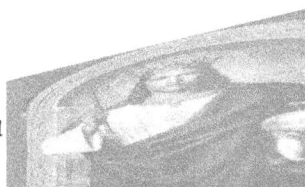

OMNIA VERITAS

"Un principio, la Inteligencia cósmica que refleja la Luz espiritual pura y formula la Ley"

OMNIA VERITAS LTD PRESENTA:

RENÉ GUÉNON
EL REY DEL MUNDO

El Legislador primordial y universal

OMNIA VERITAS

«La consideración de un ser en su aspecto individual es necesariamente insuficiente»

Omnia Veritas Ltd presenta:

RENÉ GUÉNON

EL SIMBOLISMO DE LA CRUZ

... puesto que quien dice metafísico dice universal

OMNIA VERITAS

"Nuestra meta, decía entonces Mme Blavatsky, no es restaurar el hinduismo, sino barrer al cristianismo de la faz de la tierra"

OMNIA VERITAS LTD PRESENTA:

RENÉ GUÉNON
EL TEOSOFISMO
HISTORIA DE UNA SEUDORELIGIÓN

El término teosofía sirvió como una denominación común para una variedad de doctrinas

OMNIA **V**ERITAS

Omnia Veritas Ltd presenta:

RENÉ GUÉNON

INICIACIÓN
Y
REALIZACIÓN ESPIRITUAL

« Necedad e ignorancia pueden reunirse en suma bajo el nombre común de incomprensión »

La gente es como un "reservorio" desde el cual se puede disparar todo, lo mejor y lo peor

OMNIA **V**ERITAS

OMNIA VERITAS LTD PRESENTA:

RENÉ GUÉNON

INTRODUCCIÓN GENERAL
AL ESTUDIO DE
LAS DOCTRINAS HINDÚES

« Muchas dificultades se oponen, en Occidente, a un estudio serio y profundo de las doctrinas orientales »

... este último elemento que ninguna erudición jamás permitirá penetrar

OMNIA **V**ERITAS

Omnia Veritas Ltd presenta:

RENÉ GUÉNON

LA CRISIS DEL
MUNDO
MODERNO

«Parece por lo demás que nos acercamos al desenlace, y es lo que hace más posible hoy que nunca el carácter anormal de este estado de cosas que dura desde hace ya algunos siglos»

Una transformación más o menos profunda es inminente

OMNIA VERITAS

Omnia Veritas Ltd presenta:

RENÉ GUÉNON

LA GRAN TRÍADA

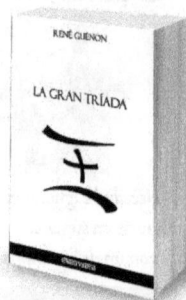

«En todo ternario tradicional,
cualesquiera que sea, se quiere
encontrar un equivalente más o menos
exacto de la Trinidad cristiana»

RENÉ GUÉNON

LA GRAN TRÍADA

se trata muy evidentemente de un conjunto de tres aspectos divinos

OMNIA VERITAS

Omnia Veritas Ltd presenta:

RENÉ GUÉNON

LA METAFÍSICA ORIENTAL Y SAN BERNARDO

« La metafísica pura, al estar
por esencia fuera y más allá de
todas las formas y de todas las
contingencias »

RENÉ GUÉNON

LA METAFÍSICA ORIENTAL
Y
SAN BERNARDO

no es ni oriental ni occidental, es universal

OMNIA VERITAS

Omnia Veritas Ltd presenta:

RENÉ GUÉNON

LOS ESTADOS MÚLTIPLES DEL SER

«Según la significación etimológica
del término que le designa, el
Infinito es lo que no tiene límites»

RENÉ GUÉNON

LOS ESTADOS
MÚLTIPLES DEL SER

La noción del Infinito metafísico en sus relaciones con la Posibilidad universal

OMNIA VERITAS

OMNIA VERITAS LTD PRESENTA:

RENÉ GUÉNON

LOS PRINCIPIOS DEL CÁLCULO INFINITESIMAL

«... nos ha parecido útil emprender este estudio para precisar algunas nociones del simbolismo matemático »

Esa ausencia de principios que caracteriza a las ciencias profanas

OMNIA VERITAS

OMNIA VERITAS LTD PRESENTA:

RENÉ GUÉNON

MISCELÁNEA

"Hay cierto número de problemas que constantemente han preocupado a los hombres, pero quizás ninguno ha parecido generalmente tan difícil de resolver como el del origen del Mal"

Este dilema es insoluble para aquellos que consideran la Creación como la obra directa de Dios

OMNIA VERITAS

Omnia Veritas Ltd presenta:

RENÉ GUÉNON

ORIENTE Y OCCIDENTE

«La civilización occidental moderna aparece en la historia como una verdadera anomalía...»

Esta civilización es la única que se ha desarrollado en un aspecto puramente material

OMNIA VERITAS

OMNIA VERITAS LTD PRESENTA:

RENÉ GUÉNON

ESCRITOS PARA

REGNABIT

«Esa copa sustituye al Corazón de Cristo como receptáculo de su sangre. ¿Y no es más notable aún, en tales condiciones, que el vaso haya sido ya antiguamente un emblema del corazón?»

El Santo Grial es la copa que contiene la preciosa Sangre de Cristo

OMNIA VERITAS

OMNIA VERITAS LTD PRESENTA:

RENÉ GUÉNON

SÍMBOLOS DE LA CIENCIA SAGRADA

«Este desarrollo material ha sido acompañado de una regresión intelectual, que ese desarrollo es harto incapaz de compensar»

¿Qué importa la verdad en un mundo cuyas aspiraciones son únicamente materiales y sentimentales?

OMNIA VERITAS

Omnia Veritas Ltd presenta:

HISTORIA PROSCRITA
I
LOS BANQUEROS Y LAS REVOLUCIONES

POR

VICTORIA FORNER

Los procesos revolucionarios necesitan agentes, organización y, sobre todo, financiación, dinero.

LAS COSAS NO SON A VECES LO QUE APARENTAN...

ℰMNIA VERITAS

Omnia Veritas Ltd presenta:

HISTORIA PROSCRITA
II
LA HISTORIA SILENCIADA
DE ENTREGUERRAS

POR

VICTORIA FORNER

"El verdadero crimen es acabar una guerra con el fin de hacer inevitable la próxima."

EL TRATADO DE VERSALLES FUE "UN DICTADO DE ODIO Y DE LATROCINIO"

ℰMNIA VERITAS

Omnia Veritas Ltd presenta:

HISTORIA PROSCRITA
III
LA II GUERRA MUNDIAL
Y LA POSGUERRA

POR

VICTORIA FORNER

Distintas fuerzas trabajaban para la guerra en los países europeos

MUCHOS AGENTES SERVÍAN INTERESES DE UN PARTIDO BELICISTA TRANSNACIONAL

ℰMNIA VERITAS

Omnia Veritas Ltd presenta:

HISTORIA PROSCRITA
IV
HOLOCAUSTO JUDÍO,
NUEVO DOGMA DE FE
PARA LA HUMANIDAD

POR

VICTORIA FORNER

Nunca en la historia de la humanidad se había producido una circunstancia como la que estudiaremos...

UN HECHO HISTÓRICO SE HA CONVERTIDO EN DOGMA DE FE

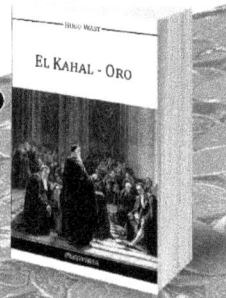

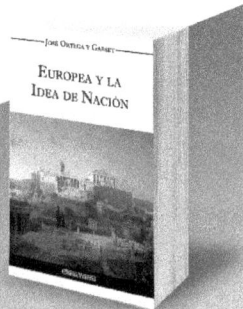

ꙨMNIA VERITAS®

www.omnia-veritas.com

www.ingramcontent.com/pod-product-compliance
Lightning Source LLC
Chambersburg PA
CBHW071123280326
41935CB00010B/1097